AF224904

LES

ANTIQUITEZ DE CASTRES

ACADÉMIE DES BIBLIOPHILES.

———

DÉCLARATION.

« Chaque ouvrage appartient à son auteur-éditeur. La
« Compagnie entend dégager sa responsabilité collective des
« publications de ses membres. »

(Extrait de l'article IV des Statuts.)

———

Tiré à 200 exemplaires sur papier de Hollande.
10 exemplaires sur papier de Chine.

Prix : 10 *francs.*

———

N^o 

LES ANTIQUITEZ

DE CASTRES

DE

MAISTRE PIERRE BOREL

PUBLIÉES PAR

CH. PRADEL

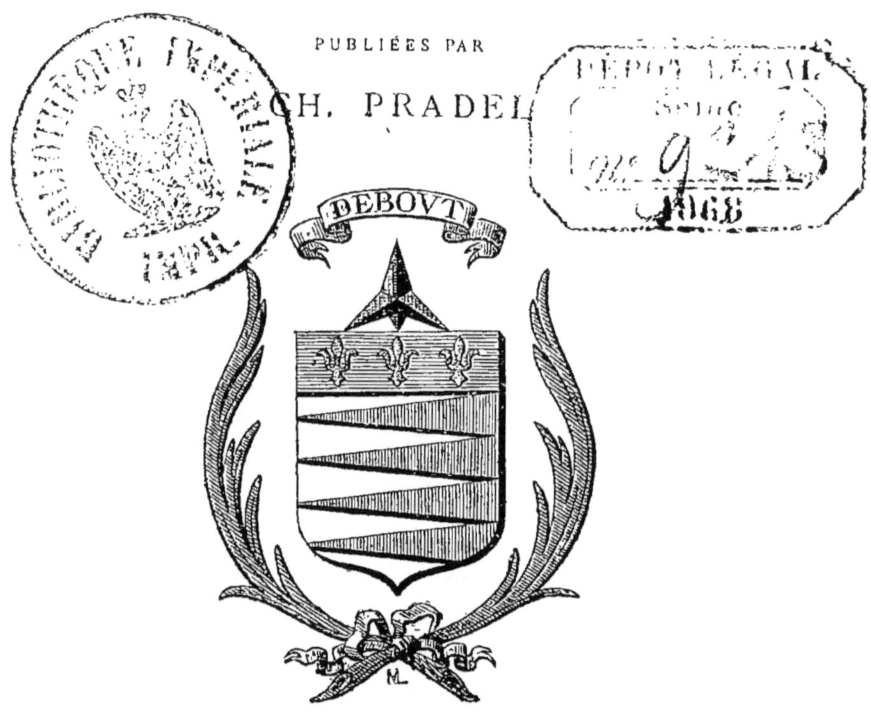

PARIS

ACADÉMIE DES BIBLIOPHILES

M DCCC LXVIII

LES ANTIQUITEZ

E CASTRES

DE

MAISTRE PIERRE, BOREL

PUBLIÉES PAR

CH. PRADEL

PARIS

ACADÉMIE DES BIBLIOPHILES

M DCCC LXVIII

Cette publication n'a pas besoin d'introducteur dans le monde des curieux auquel elle s'adresse. Son auteur est trop bien connu, et s'il avait été oublié, il saurait, mieux que personne, se présenter de nouveau lui-même au lecteur.

Nous avions eu, tout d'abord, l'intention d'annoter l'ouvrage, devenu rare, dont nous donnons aujourd'hui la réimpression; mais les documents primitifs disparaissaient sous l'abondance des matières. Le texte de certains chapitres était noyé dans les notes. Aussi avons-nous abandonné notre premier projet, pour reproduire l'original seul, respectant en cela Borel, qui s'est estudié à estre court.

C. P.

NOTICE SUR PIERRE BOREL.

Pierre Borel naquit à Castres, vers l'an 1614 (1), de Jacques Borel, *mathématicien* (2), et d'Esther Martel. Il s'attacha de bonne heure à la médecine; mais c'est en 1641 seulement qu'il se fixa dans sa ville natale pour y exercer son art.

Sans naissance, sans appui, sans fortune, dans un temps où tout était privilége, il eut beaucoup de peine à se faire une place. Il espérait attirer l'attention des savants par ses publications; elles n'eurent d'autre résultat que d'affaiblir ses modestes ressources pécuniaires. Son activité intelligente parvint seule à le mettre en relief. Il forma d'abord un cabinet de curiosités remarquable et lança son premier ouvrage, *les Antiquités de Castres.*

1. Cette date est très-controversée. Nous ne l'acceptons qu'après un scrupuleux examen.

2. Mathématicien et astrologue étaient presque synonymes : Μηχανικὸς ἀνήρ, *Vir mechanicus.*

En 1654, Borel fit un voyage à Paris et fut nommé
Conseiller et médecin ordinaire du Roy, titre purement
honorifique qui n'augmenta pas sa fortune, croyons-nous.
— Un peu plus tard (1657), on le trouve à Genève occupé à publier dans un pays libre un ouvrage, singulier et
hardi pour le temps, qu'il tenait prêt à imprimer depuis 1648. Nous voulons parler de son *Discours nouveau
prouvant la pluralité des mondes, que les astres sont des
terres habitées et que la terre est une étoile... et se tourne
devant le soleil qui est fixe, etc.* (1).

Sans être l'inventeur du système qu'il expose dans ce
livre, c'est le seul savant de cette époque qui ait traité la
question *ex professo*. Il se trouve le premier vulgarisa-
teur français des grandes idées cosmologiques du XVIIe
siècle, que les décisions du saint-office avaient arrêtées
sous la plume de Descartes et de Gassendi. — Cette manière
ouverte d'émettre ses opinions paraît avoir nui à sa car-
rière. Bientôt rentré à Castres, il accepta les fonctions de
Régent principal du collége de cette ville, où son érudition
forma des hommes tels qu'André Dacier et Rapin-Thoy-
ras ; mais l'intolérance et le fanatisme le chassèrent de ce
poste. — Borel était huguenot.

Le 4 mars 1664, il reçut l'ordre de se démettre de sa
charge en faveur des Jésuites de la province de Tou-
louse. Notre professeur, luttant avec énergie contre un
pareil abus de pouvoir, refusa de livrer aux Catholiques
une maison d'éducation fondée par les Protestants et qu'il
tenait d'eux; mais le 10 du même mois, un Archidiacre
faisant à Castres fonctions d'Évêque, accompagné de deux
consuls, se transporta lui-même au Collége et somma
Borel d'en sortir. Sur son nouveau refus, il vit ses meubles enlevés et jetés au vent. En vain il demanda justice,

1. En même temps, Borel préparait un traité : *De arte volandi*, dans
lequel il parlait *des instruments et machines pour cet effet*. Cet écrit
est malheureusement perdu.

en vain la *Chambre de l'édit* lui donna raison, un second
arrêt du conseil d'État, du 17 novembre, vint lui défendre
de troubler les Révérends Pères *en la possession et jouis-
sance entière du dict Collége.*

Alors, Borel s'adonna entièrement à ses grands travaux
qui, d'après plusieurs biographes, lui ouvrirent les portes
de l'Académie des sciences, où il fut reçu en qualité de
chimiste.

On peut difficilement se faire une idée exacte de l'étendue et de la variété de ses connaissances. D'après un de
ses contemporains, bon juge et digne de foi, il n'aurait pas
fallu moins de quinze à vingt volumes in-folio pour imprimer toutes ses productions. La curiosité, sa passion
dominante, le poussa à se livrer à des recherches histo-
riques qui l'honorent. Cependant on trouve dans ses ouvrages certaines digressions dans lesquelles il fait preuve
d'une crédulité naïve, parfois même indécente; mais il faut
tout pardonner à un médecin de cette époque, qui n'a
pour but que la science et l'érudition. — Malgré son grand
savoir et les services qu'il avait rendus à son pays, Borel
fut méconnu de ses concitoyens. — Bayle, parlant de lui,
écrivait à son frère : « Ayant vu citer dans plusieurs livres
« un M. Borel, non sans éloges considérables, j'avais de
« la peine à croire que ce fût le médecin de Castres qui
« porte ce nom : cependant, j'ai trouvé que c'était lui-
« même; et en lisant quelques-uns de ses ouvrages, j'ai
« admiré comme une chose des plus prodigieuses qu'un
« homme comme celui-là ne fasse pas plus de bruit dans
« son pays. Si son nom ne m'est pas tout à fait inconnu,
« je le dois au hasard qui fit que je portai mon père à
« acheter ses Antiquités de Castres; sans cela, je suis per-
« suadé que, malgré mon long séjour à Puylaurens, je
« n'aurais pas ouï parler de cet homme; ce qui me paraît
« fort surprenant, car enfin un esprit aussi curieux, aussi
« laborieux, qui a tant fait imprimer de livres remarqua-
« bles par leur singularité, qui en a fait sur toutes sortes

a.

« de matières, devrait être connu comme le loup blanc,
« surtout dans un lieu d'Académie qui n'est éloigné de
« celui de sa résidence que de trois lieues. Son seul livre
« des Antiquités gauloises devait le faire regarder comme
« un homme extraordinaire. » — Et plus loin : « Je vou-
« drais avoir connu cet homme-là, car je trouve des gens
« qui ne se plaignent point qu'il manque de jugement
« autant qu'il devrait faire, vu la vaste étendue de sa mé-
« moire et de ses lectures et son insatiable avidité de par-
« ler de tout. »

Borel s'était marié en 1663 avec Esther de Bonnafous, fille d'un *Secrétaire de la chambre du Roy*, qui lui donna un fils nommé Étienne.

Épuisé par le travail et les chagrins domestiques, notre docteur sentit la mort approcher et fit son testament. Les archives du Tarn possèdent cette pièce, datée du 15 mars 1669.

Il mourut peu de temps après, pauvre et délaissé, le 14 octobre 1671.

Charles PRADEL.

Niceron, Chauffepié et autres assignent chacun
une date différente à la mort de Borel. Nous avons
eu l'heureuse fortune de découvrir l'acte de son
décès dans les *Registres mortuaires des protestants*, conservés au greffe du palais de justice de
Castres. En voici l'extrait :

« Ce jourdhuy quinziesme Octobre mil six cent soixante
« et unze, a esté ensevely Maistre Pierre Borel, docteur en
« médecine, habitant de la présente ville, décédé le jour
« d'hier; à laquelle sépulture ont assisté les sieurs Jean et
« Jacques Martels, proches parents du dict défunt, soubs
« signés en foy de ce. »

LES
ANTIQUITEZ

RARETEZ, PLANTES, MINERAUX
et autres choses considerables de la
Ville , et Comté de Castres d'Albigeois ,
et des lieux qui sont à ses environs,
avec l'Histoire de ses Comtes,
Evesques, etc.

Et un Recueil des Inscriptions romaines, et autres antiquitez
du Languedoc et Provence.

AVEC LE ROOLLE DES PRINCIPAUX CABINETS
ET AUTRES RARETEZ DE L'EUROPE

Comme aussi le Catalogue des choses rares de Maistre
PIERRE BOREL, *Docteur en Medecine*
Autheur de ce Livre.

A CASTRES,
PAR ARNAUD COLOMIEZ
Imprimeur du Roy et de la Ville
1649

A

MONSIEUR

Me. GUILLAUME DE MASNAU,
Seigneur de Bousignac, etc. Et Conseiller
du Roy en la grand Chambre du Parlement de Tolose.

Monsieur,

*Si mon esprit se fut senti capable de
vous donner des loüanges egales à vostre
merite, il n'auroit point choisi d'autre sujet, puis qu'il n'en pouvoit trouver de plus
noble, ny de plus digne de son occupation,
mais recognoissant qu'il ne pouvoit entreprendre un si haut ouvrage sans temerité,*

et sans deroger à ce grand merite qui vous fait considerer dans le Parlement

Ut inter ignes Luna minores.

Et apres tout, cette grande connoissance que vous avez de toutes les belles choses, et la reputation que vous vous estez acquise en cette dignité que vous exercez aujourd'huy, avec autant de gloire que d'equité, ne sont elles pas plus que suffisantes pour ne laisser jamais effacer vostre memoire, et vostre merite estant logé dans celle de tant d'hommes que la France a produits, n'est il pas gravé dans le plus fort Airain de la terre. Ayant fait ces reflections, et sur vous (MONSIEUR) *et sur moy mesme, j'ay choisi une occupation moins inégale aux forces de mon esprit, et me suis employé à descrire les loüanges de ma patrie, mais en mesme temps j'ai voulu que celle qui vous a tant* d'obligations se vint presenter à vos pieds pour implorer vostre protection en cette rencontre. Voicy doncques (MONSIEUR) celle qui, se glorifiant d'estre dans vostre affection, vous demande une seconde naissance, je veux dire la Ville de Castres, qui ose esperer que vous prendrez sous vostre sauvegarde ce petit discours, que les antiquitez et raretez dont elle est ornée, et un juste ressentiment contre ceux qui l'ont laissée en oubly, m'ont obligé de composer cette foible production de mon esprit, se sentira assez forte contre toutes les attaques des envieux qui s'efforceront de ternir sa gloire, lors que ce sera sous vostre nom qu'elle paroistra en public, ce grand nombre de vertus qui éclatent egalement en vous, ont fait qu'elle vous a choisi comme son Dieu tutelaire, et le lustre qu'elle a receu de vostre justice luy

*a fait estimer qu'elle n'en devoit puiser
à l'advenir qu'en vostre source. C'est
(MONSIEUR) ce qu'elle desire de vous,
et c'est ce que vostre bonté insigne fait que
s'ose prometre,*

MONSIEUR,

*Vostre tres-humble et tres-
obeissant serviteur.*

PIERRE BOREL.

AU LECTEUR.

LA pluspart des hommes ont accoustumé de se rendre plus sçavans des païs estrangers que de leur propre patrie, mesprisans mesme ce qui s'y trouve de remarquable, contre l'advis des plus sages, et particulierement du Philosophe Platon lors, qu'il dit que chacun devroit avoir la curiosité de sçavoir l'origine de son païs, et ce qui est arrivé de plus digne de consideration. C'est ce qui m'a fait composer ce petit Livre, et mesmes esperer qu'il te seroit agreable, puis que les memoires des antiquitez de ce pays s'y trouvent exactement raportées, et que d'ailleurs j'y adjouste beaucoup d'inscriptions anciennes, dont les plus sçavans pourront tirer quelque utilité pour l'intelligence des bons Autheurs. J'y mesle aussi plusieurs proprietez des plantes et autres choses naturelles, qui ne seront pas peu utiles aux curieux. Je suis marry seulement de ce que les memoires qu'on m'a donnez pendant l'impression m'ayent obligé à parler en divers lieux d'une mesme chose, mais par le moyen de la table on pourra tout trouver et suppléer à ce deffaut. Si tu me trouves trop concis et te plains de ma briefveté, je t'advoüeray que je me suis estudié à estre court, pour des raisons particulieres, quoy que j'eusse des memoires pour faire un gros volume ; mais dans la seconde impression que j'espere de te donner, je m'estendray plus au long et avec plus d'ordre. Cependant reçois ce petit abregé, et ne considere pas tant sa petitesse que la curiosité et l'abondance de ses recherches, qui y ont esté ramassées avec beaucoup de soin. Et si tu trouves estrange qu'un Medecin se soit occupé à ce travail, sçache que Cardan, Goropius Becanus et Achilles Gassarus, Medecins tres-celebres, en ont fait autant pour Milan, Anvers et Augsbourg, Villes de leur naissance. Ne me blasme donc point si j'ay employé quelques heures de loisir à ce travail, que je n'ay mesmes pris que comme un divertissement, apres un estude plus serieux en la Medecine, que je t'ay d'estiné depuis long-temps. Aye aussi esgard que ç'a esté plus pour l'utilité publique que pour la mienne que j'ay mis la main à ce petit traicté, et si je suis mal-heureux de n'y avoir point reussi selon ton souhait, accuse le temps d'injustice de ce qu'il a fait perdre les memoires de ce pays, ou accuse de negligence les hommes qui nous ont precedé, et cesse de te plaindre de celuy qui n'a travaillé que pour te plaire. Adieu.

In Musæum Petri Borelli D. Medici, Castrensis.

INdus, Arabs, Maurus, Gallus, Germanus, Iberus
   Atque omnis proprias gens tibi fundit opes.
Hic Lapides, Conchas, Animalia, semina, Gemmas,
   Et quodcumque, audax ars benè fingit opus.
Conspiciunt oculi, et mirantur singula, verum
   Nondum Promis opes, docte Borelle, tuas.
Rem miram ostende, et quam mirabimur unam
Ostende ingenii lumina magna tui.

R. G. P. E. C.

Jacobi Vilarii, I. V. D. in opera, et Musæum, D. Borelli Medicinæ Doctoris.

CARMEN HEROICUM.

IAm prodite, diu exoptata volumina, docti
   Borelli, et Volcis æternos addite honores,
Audebis-ne stilo tenui celebrare Cevenna,
O Musa, ingenii tanti miracula, opesque
Musæi eximias? quas Musæ et Divus Apollo
In parnassi aditis cupiant servare, Magister
Si videat Cous, vel si hæc Asclepius, ambo
Ut vidi, obstupui, exclament, nam quidquid Eois.

b.

Occiduisve Indis, gemino aut transvexit ab orbe
Navita, Borellus collegit, et ordine miro
Disposuit, nummos priscos, urnasque Quiritum,
Signa quoque Heroum, magnorumque osta gigantum,
Omnigenas gemmas, et singula pharmaca, odores,
Plantas, et volucres, et quos sub gurgite vasto
Oceanus pisces alit, et genus omne ferarum,
Quas juxta Nilifontes, sylvasque novi orbis
Mactant hispani, aut imis quæcumque fodinis
Mancipia avellunt, horrendo addicta labori,
Balsama quæque fluunt antris, hic cernere fas est.
Deinde quibus morbis curandis, singula prosint
Borellus Callet, multosque è faucibus Orci
Eripuit, superasque iterum revocavit ad auras.
An memorem è variis decerpta volumina libris,
Quæ in scriniis vigili congessit sedulus arte
Borellus, solitus longo indulgere labori
Nocte dieque indefessus, virtutis amore
Dum flagrat, et patriæ inquirit monumenta vetusta.
Hostibus et variis olim quæsita trophæa,
Obsequia et prisca in Reges (genus Hectore magno)
O quem te memorem! primo qui in flore juventæ
Tantos exantlas. Borelle o magne, labores.
Quos dum luminibus miror, manibusque retracto
Fictum aliquid, spectrumve puto. Te secla futura
Suspicient, veniensque ætas tibi Thure litabit,
Nomenque egregium convexa ad sydera tollet.

*Ad Dominum Borellum, Doctorem Medicum, de
suo Antiquitatum Castrensium libro.*

Est aliquid patriam ferro defendere, et aras
A flammis puro non læsas sanguine, natis
Liquisse, ereptisque Jugo, servasse penates.
Hoc multi. Nam dulce patrum est ante ora cadendo
Surgere, et æternam sibi funere quærere Vitam.
Ast patriæ lucem ereptam dare, sacraque solers
Restituisse patrum monumenta, laresque sepultos,
Quos dudum Libitina ferox, et iniqua vetustas
Merserat arcanis, nostro quæ incognita seclo;
Atque illis aras struxisse, et pegmata, nullo
Quæ cessura rogo, labor hic non parvus, at ingens.
Ingens ergo tibi debetur gloria, talem
Nec meruisse potest Phedræ qui fraudibus olim
Extinctum ad vitam succis Heroa reduxit.

*Michaël Severacus. In supremo Tectosagum
Senatu patronus.*

A Monsieur Borel, sur son Livre des antiquitez et raretez
de Castres.

*Que ta Ville ait cent merveilles,
Que ses nobles raretez
Donnent à tes doctes veilles,
Un sujet plein de beautez,
Que bravant les destinées
Elle ait duré tant d'années,
Borel, je l'admire bien,
Mais j'admire d'avantage*

Qu'elle ait produit en nostre aage
Un esprit tel que le tien.

P. P. A.

A Monsieur Borel, Medecin, sur son Histoire
de Castres.

SONNET.

BOrel, *à peine puis je croire*
Que parmy tant de bons esprits
Que jadis Castres a produits,
Dont nous cherissons la memoire,
  Aucun d'eux n'ayt escrit l'Histoire
Des habitans de ce pays,
Et que pour l'avoir entrepris
Toy seul en merites la gloire.
  Mais puis qu'il ne se trouve point
Qu'aucun ayt jusques à ce point
Porté l'honneur de sa patrie,
Tu devois bien faire un effort,
Pour tirer des bras de la mort
Celle qui t'a donné la vie.

I. B. M.

In laudem libri Antiquitatum Castrensium Petri Borelli,
Medici, et in Anagramma suum.

TU LEPOR ES URBIS.

ABdita dum reseras Patriæ Monumenta, Borelle
  Et fis præsidium dulce, decusque suum,

Gestit terra parens, tantoque superbit alumno,
  Gaudet teque suis annumerare viris.
Non tamen expectes ut par tibi reddere possit
  Pro meritis pignus et trutinare suis.
Quamvis enim gemmas aurique talenta referrent
  Talia nunc per te quod dare possit, habet.
Non etiam meritos tibi reddere posset honores.
  Nam decus illius muneris omne tui est.
Præmia digna tui, non te quæsiveris extra
  Sufficiunt famæ nomina magna tuæ.
Nomina magna geris, meritæque insignia famæ
  Nam lepor es urbis, juxta Anagramma tuum.
Sic quoque tu, tanti mensuram nominis imples,
  Et decoras urbem, docte Borelle, tuam.
Per te Castrorum semper Monumenta manebunt
  Et sic perpetuo *TU LEPOR URBIS ERIS.*

Petrus Causseus, SS.
Theologiæ Candidatus.

A Monsieur Borel, Medecin, sur son Livre de Castres
et sur son Anagramme.

BELE PRERIE D'OR.

TU nous descris Castres si beau
  Que ce luy est de l'advantage
D'avoir esté dans le tombeau,
Puis qu'il revit dans ton ouvrage.
Ton artiste et hardy pinceau
En fait une telle peinture,

Que tu nous le rends le plus beau
De tous les lieux de la nature.

Ainsi par ton illustre effort
Son malheur est digne d'envie,
Et tu sçais mesme de sa mort
Tirer une plus belle vie.

Ton Art, profitable aux humains,
Promet de semblables merveilles,
Et tu la donnes par tes mains
Comme par tes sçavantes veilles.

Mais que tes efforts semblent vains
Pour rompre tant et tant d'obstacles,
Et qu'il faut d'efforts plus qu'humains
Pour produire de tels miracles!

Bons Dieux! resusciter un mort,
Donner une vie à sa mere,
Forcer la cruauté du sort,
Comment cela se peut-il faire?

Ha! si ton prophetique nom
Ne nous l'avoit rendu croyable,
Nous dementirions ton renom,
Et le prendrions pour une fable.

Ce beau nom ne promet pas moins
Que mille belles descouvertes,
Et prophetise que tes soins
Un jour repareront ses pertes,

Quand ton travail industrieux
Nous descouvrira mille choses
Que le destin injurieux
Dans ce nom detenoit encloses,

Puis qu'il contenoit les beautez
Que Castres a dans ses preries,

Et ce qu'il a de raretez
Dedans ses campagnes fleuries.
  Maintenant le Ciel a permis
Que tout cela vint à paroistre,
Comme il nous avoit tant promis,
Et que ton nom sembloit promettre.
  Car tu nous fais voir un thresor,
Avec une chose si belle,
Que ton Anagramme t'appelle,
Avec grande raison, BELE PRERIE D'OR.

Par Pierre Caussé, de S. Antonin,
estudiant en Theologie.

A Monsieur Borel, Medecin, sur ses Antiquitez de Castres.

CHER Borel, tes sçavans escrits
  Au jugement des bons esprits
Sont estimez autant d'oracles,
Et sont si rares et si beaux,
Qu'ils font tous les jours des miracles
Sortant les hommes des tombeaux.
  Ny Virgile, ny Ciceron,
Ny tous ceux que le vieux Caron
A jadis passé dans sa barque,
N'ont rien d'egal à ton sçavoir,
Puis que tu mestrises la parque,
Et la renges à son devoir.

VOISIN.

LES ANTIQUITEZ

RARETEZ, PLANTES, MINERAUX
et autres choses considerables de la Ville et
Comté de Castres d'Albigeois, et des lieux qui
sont aux environs, avec l'Histoire de ses Comtes,
Evesques, etc.

LIVRE PREMIER.

CHAPITRE I

*Des diverses nations qui ont occupé le pays ou est
Castres.*

SI l'esprit de l'homme se plaist à voir les choses presentes et à prevoir celles qui sont à venir, il ne se plaist pas moins à lire celles qui sont passées dans les Livres que les Historiens en laissent. Car c'est par ce moyen que comme un petit Dieu il se rend present à toutes les nations et à tous les siecles. C'est aussi la raison pour laquelle je m'efforceray de representer briefvement, en ce premier Chapitre, les choses passées en ce païs et en toute la Province depuis une longue suite d'années, car ayant à traitter de Castres en particulier, la raison persuade assez qu'il faut toucher quelque chose du Languedoc, afin de donner par ce

moyen quelques lumieres aux obscuritez de l'antiquité que nous devons esclaircir, et qu'on aye le plai-
sir de sçavoir qu'elles nations ont occupé la terre que
nous habitons, ce que j'ai rangé au meilleur ordre
qu'il m'a esté possible, ayant ramassé avec soin tant
les Livres que des manuscrits et actes anciens, les memoires que je consacre au public, et particulierement
aux habitans de Castres, ausquels j'estime que ces
Histoires seront de tant plus agreables, qu'elles se
sont passées en la partie de Languedoc ou leur Ville
est située.

Car si chaque particulier est bien aise de sçavoir sa
genealogie, je ne doute point que les habitans de
Castres ne soient aises de sçavoir les antiquitez de
leur Ville, et ne me soient obligez de ce que je suis
le premier qui entreprens à redonner la naissance à
leur patrie, dont la negligence des Historiens avoit
laissé presque estouffer la memoire.

Il est necessaire de sçavoir que le Languedoc a eu
divers noms, selon qu'il a changé de Seigneurs. Car
il a esté nommé premierement *Gaule Narbonoise et
pays des Volsques et Tectosages*, puis les Romains
l'appelerent *Gallia braccata et Septimanie*, à cause
qu'ils le divisoient en sept parties, ou à cause de la
septiesme legion qui y habita ; et apres ayant esté tenu
par les Goths, il a esté appellé *Occitania patria linguæ Occitanæ, Provincia sancti Ægidii* (parce que
le siege de leur premier Roy fut à S. Giles), *Gothie,
Lantgoth ou Gothtlant*, c'est à dire terre des Goths,
car ce mot *Lant* signifie terre parmy les peuples

Septentrionaux; de la vient *Irlande*, *Zelande*, *Fris-lande* et autres. Et puis les Goths en ayans esté chassez, il fut dit, selon *Joinville, pays de la langue torte, pays de la langue de oc, c'est à dire ouy, et Gaule gothique.*

Nous n'irons point rechercher les antiquitez de ce païs depuis Noé, comme ont fait les autres qui ont composé de Livres touchant leurs Villes, mais, laissans ces origines fabuleuses, nous commencerons par les Romains qui conquirent ce païs fur les Volsques et Tectosages habitans la Gaule Narbonaise, selon Strabon, et ce fut lors qu'elle receut le nom de *Gallia braccata*, parce qu'ils portoient de brayes et non de robes comme les Romains; ce fut sous la conduite de *Fulvius Sextius et de Fabius Maximus* qu'ils s'en rendirent maistres, et ce fut en ce mesme temps, selon Orose, Strabon et Aulegelle, que *Quintus Cæpio*, Consul Romain, qui cent deux ans avant Jesus-Christ estoit Gouverneur de la Gaule Narbonoise, du temps de sa guerre contre les Cimbres et Teuthons, vainquit les *Tholostoboges, habitans de Tolose*, et emporta ce fameux or qui, de mesme que le Cheval Séjan, nuisoit à tous ses possesseurs, l'ayant tiré, suivant Munster, d'un lieu qui estoit sacré, à sçavoir d'un Temple qui (selon Bertrand en son Histoire de Tolose) estoit de Jupiter et est à present dit la Daurade, ou, comme Dupleix et autres ont dit, du Temple d'Apollon qui à present est à S. Saturnin ou S. Sernin, auquel on void encore une ample et vaste cave, qui estoit jadis un lac dans lequel les *Tectosages*, peuple issu de Volsques

(comme rapporte Strabon), l'avoient jetté. Car, selon
Justin, apres qu'ils eurent pillé le Temple de Del-
phes, ils furent vexez d'une grande peste, et les de-
vins qu'ils consulterent pour en sçavoir la cause leur
respondirent qu'il faloit jetter leur butin dans ce lac,
ce qu'ils firent, et il y demeura jusqu'à ce que *Cæpion*
l'en osta, et l'emporta à Marseille, et de la à Rome. Ce
thresor revenoit à douze milions d'or non monoyé,
et cinquante milions d'argent.

Puisque nous sommes sur le discours de *Tolose*,
il faut remarquer son antiquité, car, suivant Nicolas
Bertrand et autres, elle fut bastie plustot que Rome,
par *Tholus* dit Hercule, sur le mont ou on void encore
les ruines du vieil Tolose.

Le Languedoc ayant esté tenu cinq cens trente
trois ans par les Romains, ou ils ont laissé plusieurs
marques de leur magnificence dans les antiquitez qui
nous y restent, dont les seules ruines témoignent la
grandeur, ils en furent chassez par les *Visigoths*,
qui, apres que les *Alemands* l'eurent ravagé, y vindrent du temps de l'Empereur *Valens*, l'an 364, sous
la conduite de *Fritigernes*; mais Valens, pour avoir
la paix, les laissa joüir du Languedoc et Guyenne,
de sorte que *Athanaric* commença à s'en dire Roy
l'an 384, et laissa *Alaric* pour son successeur, lequel
l'Empereur *Honorius* craignant, luy bailla les Gaules;
mais *Stilicon*, Capitaine Romain, l'ayant grandement
irrité, Alaric le deffit, et de colere alla saccager la Ville
de Rome. A Alaric succeda *Atauphe*, qui aussi ravagea
Rome, et puis, s'estant marié à *Galla Placidia*, fille

d'Honorius, ou selon Olimpiodore seulement sa sœur,
les nopces furent celebrées dans Narbonne. Il commença à regner l'an 415, et bastit son Palais à S. Giles,
qu'on appelle *Villa sancti Ægidii*, où encore est un
bois qui est dit par abusion la *Seuve goudesque*,
c'est à dire *Silva gothica;* et apres, Ataulphe ayant
esté assassiné dans Barcelone par un de ses serviteurs, comme rapporte *Dupleix*, apres avoir chassé
les Vandales il fut enseveli dans Barcelone, et Vaceus
rapporte son Epitaphe en sa Chronique d'Espagne.
Elle est telle :

> *Bellipotens valida natus de gente Gothorum,*
>   *Hic cum sex natis, Rex Ataulphe, jaces,*
> *Ausus es Hispanas primus descendere in oras,*
>   *Quem comitabantur, millia multa virum.*
> *Gens tua tunc natos, et te invidiosa peremit,*
>   *Quem post amplexa est, Barcino magna gemens.*

Il laissa pour successeur *Sigeric*, qui fut aussi tué
par les Goths mesmes, à cause qu'il vouloit faire paix
avec les Romains, et mirent à sa place *Vallia*, qui
les trompa, rendant *Placidia* aux Romains. A *Vallia*
succeda *Theodoric*, qui conquist les Espagnes et defit
prés de Narbonne *Attila*, Roy des Huns, lequel, mesprisant les Chrestiens à cause de son armée de quatre
cens mille hommes, ou de cinq cens mille selon Monsieur Catel, Andoque, Lucius Marineus Siculus, et
Mariana, l. 7. c. 11, se faisoit nommer le fleau de Dieu.
Mais estant mort en ceste bataille qu'il perdit, il fut
enterré à *Mauriac, dit Mayrac, ou Mayraco,* prés de

Carcassonne, dit maintenant *Cappendu, à cane suspenso,* c'est à dire d'un heretique. Ce lieu estoit anciennement appelé *les champs Catalauniques,* dont le peuple, s'estant changé en Espagne, donna nom à la Catalogne.

Il fut donc défait par la vaillance des gens de Languedoc, et d'une défaite si considerable, qu'il y eut soixante mille morts, et tout le reste fut fait prisonnier, blessé ou en déroute.

Ce Teod. Roy des Goths gist à l'Eglise de S. Vvast avec sa femme Doda, avec cette inscription sur leurs tombeaux :

Rex Theodoricus, ditans ut verus amicus
Nos ope multimoda, jacet hic cum conjunge Doda,
Regis larga manus & præsul Vindicianus,
Nobis Regale dant & jus Pontificale,
In decies nono cum quinquagies duodeno
Anno defunctum, sciet hunc qui quatuor addet,
Qua legis hæc hora, Dominum pro Regibus ora,
Muneribus quorum stat vita Dei famulorum.

Son fils *Thorismond* luy succeda, et à cettuy-cy son frere *Theodoric* second, et puis son frere *Sigeric,* et enfin *Alaric second,* qui fut chassé de Toloze par Clovis (c'est Alaric dit le jeune, qui mourut prés de Carcassonne, et on void encore, au rapport de Besse, le vieux Chasteau dit d'Alaric, entre Carcassone et Narbone). Car les Goths y avoient changé leur siege Royal, selon Scaliger et Prosper Aquitain, et c'est la cause qu'on trouve de memoires des Roys de Tolose.

Clovis donc, ayant pris Toloze, y mit des Lieute-
nants qui s'en disoient Ducs et se deffendoient aux
Goths; et non content d'avoir pris Toloze, il alla assieger Alaric dans Carcassonne pour avoir les vais-
seaux du Temple de Salomon qu'Alaric premier avoit
apportez du sac de Rome, et que l'Empereur *Tite* avoit
emportez de Jerusalem l'an 71 et 72 de Jesus-Christ,
et qu'il avoit consacrez à Rome, au Temple de la
paix; mais les Goths en estans enfin possesseurs, les
cacherent dans un puis merveilleux en profondeur
qu'on void encore à Carcassone, et que personne n'a
peu sonder; il a 45. pans de tour en 15. pierres.

Lors Alaric appella à son secours, selon Procope,
Theodoric, Roy des Ostrogoths, mais il ne laissa pas
d'estre vaincu et puis défait entierement prés de
Poictiers.

A ce second Alaric succeda son Bastard *Gesalie*,
et enfin *Amalric*, fils d'Alaric, obtint de Childebert,
frere de Clovis, le regne de Languedoc pour s'estre
marié à *Clotilde*, fille de Clovis; mais pour le mauvais
traitement que Clotilde receut de luy, Childebert le
combatit et défit entierement.

Clotilde, femme d'Amalric, gist à Paris, en l'Eglise
de Saincte Geneviefve, prés de ses pere et mere.

Le dernier Roy des Goths fut Roderic, suivant son
Epitaphe, qui est à *Visco*, en Portugal, où il fut enterré. Elle est telle :

*HIC REQUIESCIT RODERICUS ULTImus Rex Go-
thorum qui ob Juliani perfidiam Regni jacturam fecit,*

Juliani memoria erit posteris odiosa, cum fuerit Roderici Domini sui Homicida, et Nationis suœ inimicus et destructor. Ex Luca Tudensi.

Puis apres, les *Agareniens ou Sarrasins*, dits ainsi de Sara et d'Agar, dont ils se disent estre descendus, ou, selon Thevet, de l'ancienne ville de Sarraca, excitez par *Julien*, Lieutenant du Roy de Tolede, nommé *Roderic*, vindrent és Gaules l'an 714, en nombre de quatre cens mille. Neuf ans apres avoir chassé les Goths d'Espagne et l'avoir conquise sous leur Roy Zema, Arabe, dit Roy de Cordube, et ayans commancé par le Languedoc, prindrent Narbone, Carcassonne et autres Villes de ce pays. Et puis estans allez assieger Toloze, *Eudon* tua leur Roy et leur fist lever le siege, et *Charles Martel* acheva de destruire à Tours *Abdiramen*, successeur de Zema, ou la défaite fut si grande que, selon Serres et autres Historiens qui en ont parlé, il y eut trois cens soixante et quinze mille morts, et cela arriva l'an 730, et ainsi Charles Martel ayant recouvré le pays, fit démanteler et ruyner les Villes qui pouvoient servir de retraite aux Goths, *comme Narbonne, Besiers, Agde et Substantion*, dit autrement *Sextacio et Serratio*, suivant Vibius Sequester, et Antonin en son itineraire.

C'estoit un Comté que le Comte de Melgueil donna à Gregoire VII. Cette Ville estoit antique, mais il n'en reste que quelques petites masures prés de Castelnau de Montpelier. Il est parlé de ce lieu dans Theodulphus, ancien Poëte qui dit :

Hinc Magalona habuit lævam, sextacio dextram,
Hic scabris podiis cingitur, illa mari.

On void encore deux inscriptions qui ont esté por-
tées de là audit Castelnau; l'une est une Epitaphe du
temps des Payens, qui est telle :

D. M. FRONTINA. PRIMA. H. S. P.

C'est à dire : *Diis manibus, frontina prima, hic se-*
pulchrum posuit. Je mets ces inscriptions icy, parce
qu'aucun Antiquaire ne les a données au public.

La seconde est dans l'Eglise dudit Castelnau de
Montpelier, et est prés de l'Autel; mais à cause de sa
grande antiquité, elle est fort difficile à lire; toutes-
fois la voicy telle que je l'ay peu comprendre :

CURIÆ.... TONUS MACRINUS COlonis et incolis....
est arequmaquue... et in statuas conflata est.

Parmy ces masures de Substantion, du debris duquel a esté basty Montpelier, se trouvent plusieurs
pieces d'urnes, pierres de sort et lachrymoirs.

En ce temps là, qui est l'an 736, furent gastées les
Arenes, ou Amphiteatre de *Nismes,* pour le mesme
sujet, selon ces vers anciens qui sont és Archifs de
Montpelier :

Carolus hanc fregit, postquam fibi marte subegit
　Ob Sarracenos quod tueretur eos.
Cum Nemausenas exuri jussit arenas,
　Aptas præsidio perfidiæ populo.

Puis Charles Martel estant mort, Huon, fils de Eudon, voyant qu'il luy avoit pris le bien de son pere, revolta une partie du pays de Languedoc contre Pepin, fils de Martel, et print Castres et Tolose l'an 736. Mais Pepin, selon Canisius, continuateur d'Aimon, le vint chasser, et Eudon estant mort, Pepin en fut Roy; mais encor apres sa mort ils se rebellerent contre Charlemagne, qui vint les combattre et les vainquit. Toutes ces guerres ne furent pas encore la fin, car l'an 845 les Normans (mot venant de Nord et de Mand, c'est à dire hommes de Septentrion), venus de Scandinavie et Norvege, comme les Goths furent chassez des environs de Tolose par Charles le Chauve, et puis l'an 924 et 937, le Languedoc fut ruiné par les guerres des Comtes de Tolose, et apres par les guerres des Albigeois et des Anglois, car les Anglois assiegerent Tolose l'an 1160 et l'an 1178. Richard, fils de Henry Roy d'Angleterre, vint remuer les guerres que son pere avoit laissées assoupir.

Quand aux guerres des *Albigeois et Vaudois*, dits ainsi de la ville d'Alby et de Valdo Lyonnois, ce fut l'an 1160 qu'ils commancerent à paroistre, et l'an 1223, sous Louys VIII, qu'ils avoient remply ce pays, mesme la Ville de Castres suivoit leur party et croyance, selon Pierre de Valsernay, mais parce que leur doctrine choquoit celle de l'Eglise Romaine, on se croisa contre eux; et ayant esté promis remission de pechez à ceux qui les combattroient quarante jours, il arriva une telle troupe de Pelerins qu'ils furent chassez en peu de temps de ce pays. Ceux qui les ruynerent plus furent deux hommes d'Eglise, l'un dit Pierre de Chasteau-neuf, qui y fut tué et canonisé, et Dominique, Espagnol, qui fut aussi canonisé. A ce dernier, Simon de Montfort donna de belles aumosnes des biens qu'il avoit conquis sur les Albigeois, dont il orna le Convent de Castres, où sont les Freres Dominiquains, ordre qu'il institua.

L'an 1200, les Vaudois tenoient Tolose, Pamiers, Montauban, Villemur et, selon de Serres, Castres, S. Antonin, Carcassonne, Narbonne, Puilaurens, Beaucaire, Avignon, Tarrascon et plusieurs autres Villes, et beaucoup de grands Seigneurs estoient de leur party, comme Raymond, Comte de Foix, la Dame de Lavaur, le Comte de Carman, le Vicomte de Besiers, Gaston, Seigneur de Bearn, et Raymond, Comte de Tolose; mais ne s'estans peu accorder par les disputes qu'ils eurent à Montreal l'an 1209, où estoit Guillaubert de Castres, ils furent chassez par la force des armes, et le Pape ayant excommunié Raymond, Comte de Tolose, il fut obligé à quitter le party des Albigeois, en suite dequoy, l'an 1222, estant mort ailleurs de maladie, il fut sans sepulture parce qu'il estoit excommunié, bien que d'autres asseurent qu'il est enterré à Frontevaux, estant mort à Milan; mais il n'y pas long-temps qu'à Tolose on monstroit sa teste à l'Eglise des Chevaliers de Sainct Jean, dans un cercueil de plomb, selon Andoque en son Histoire de Languedoc. On y voyoit cette Epitaphe en langage ancien :

> *Non y a hom sur la terre*
> *Per grand Seignor que fous,*

> *Quem jettez de ma terre,*
> *Se la Gleisa nou fous.*

Il ne faut pas que personne trouve estrange que cette Epitaphe soit en ce langage, veu que c'estoit la façon de parler de ce temps là; et pour confirmation de mon dire, je rapporteray icy les vers que le Comte de Foix (amy du Comte Raymond et qui tenoit son party) avoit faits escrire sur son Chasteau de Maseres, Ils sont tels :

> *El s escerich sul Castel de Maseres*
> *An ton Seignour nou partisques las peres,*
> *Car el prendra per el las plus madures*
> *Et te rompra lou cap an las pus dures.*

Voulant dire que le Vassal ne doit point faire du compagnon avec son Seigneur, car, comme on dit ordinairement, un Seigneur de verre casse un Vassal de fer.

Mais je ne veux point passer sous silence l'Epitaphe du Comte Bernard de Tolose, qui est en mesme langage, et pour la rareté du manuscrit d'Odon Aribert, où elle est, je mettray le passage entier deschiffré.

Cætera quæ pandere periculosum est, literis Talamascis (c'est à dire en chifre) inscribam. Pace itaque cum sanguine Eucharistico separatim per Regem et Comitem firmata et obsignata, Bernardus Comes Tolosanus ex Barcinonensis Tolosam venit, et Regem Carolum in Cænobio Sancti Saturnini juxta Tolosam adoravit , cum-

que Rex manu læva, tanquam sub lævandi gratia Comitem aprehendisset, altera pugione in latus ejus adacto eum crudeliter interemit, non sine crimine fidei et religionis violatæ, nec sine suspicione patrati Parricidii, filius quippe Bernardi vulgo credebatur, et os ejus mirè ferebat, Natura adulterium maternum prodente. Post tam nefandam necem, Rex, de solio sanguine maculato discedens et pede cadaver percutiens, sic exclamavit : Væ tibi qui thalamum patris mei et Domini tui fœdasti! O quam admirabilia judicia tua, Domine, dum Rex de Thoro paterno violato præsumit sumere vindictam, incidit in parricidium, et per nimiam pietatem fit impius, atquei ta adulterium parricidio punitur.

Per biduum ante fores insepultum mansit Cadaver, tertio die Samuël Episcopus Tolosanus illud sepulturæ tradidit, cum hac inscriptione in Romancio, tumulo apposita.

> Assi j'ay lo Comte Bernad
> Fisel credeire al sang sacrat
> Que sempre prud'hom és estat.
> Preguen la divina bontat
> Qu'aquela fi que lo tuat
> Posqua soy arma aber salvat.

Cum magno populi concursu exequiarum honores Comiti rependebantur, Rege interim in saltu Vadegiaco venationi indulgente, quod cum ad aures ejus pervenisset, iratus est valde, et Episcopus Samuel, coram Vicario Regio ter citatus, comparere recusabat, et cognitionem causæ suis co-Episcopis demandari petebat ; sed, Rege renuente, coram Vicario causam exercere coactus est, et tandem post trinam confessionem, eo quod cum pompa et Epigrammate Comitem damnatum, ore, et manu Regia, sepelivisset, pœna quingentorum solidorum Tolosanorum mulctatur, et Episcopo adstante et plangente monumentum diruitur. Quod Tolosanus Episcopus, ut et alii Galliarum Episcopi ita ægre tulerunt, ut paucos post menses in Conventu Chavionense enixe a Rege Carolo postulaverint ut sententia illa Vicarii, contra Tolosanum antistitem lata, tanquam jura Episcopalia et Ecclesiastica enervans et destruens, abrogaretur. Quorum postulationi Rex nullo modo obtemperare voluit, sed ore firmo respondit se non passurum ut Episcopi in his quæ pertinent ad Jura regalia, et ad leges regni, a jurisdictione Regia et laicali eximantur, legem regni hanc antiquam esse, qua cautum est damnatos ob crimen non debere sepeliri cum precibus pubilcis et cum inscriptionibus. Ex manuscripto Odonis Ariberti Capellani Guerrici Palat. gloriosissimi.

C'est un curieux manuscrit et grandement important à l'Histoire qui ne tardera pas long-temps à voir le jour par une bonté particuliere et affection pour le public qui est en celui qui le possede.

Apres la mort du Comte Raymond, Simon de Montfort second print Carcassonne, Castres et autres lieux, selon Serres, et fit lever le siege de Muret au Roy d'Aragon, qui y fut tué et enterré à l'Eglise S. Martin. Nicolas Bertrand asseure aussi que l'an 1210 il print le Chasteau de Lavaur, où Emeric de Montreal, Seigneur dudit lieu, fut pendu, et la Dame Geralde sa femme fut jettée dans un puits, suivant le manuscrit de Guillelmus de Podiolauro, et l'an 1213 Castres se rendit audit Simon de Montfort, sur quoy Froissard remarque que ledit de Montfort, voulant monter à cheval pour aller contre les Albigeois, fut mordu à la cuisse par son cheval, et apres son estrier se rompit;

mais tous ces mauvais augures ne l'en ayant peu divertir, il y alla pour y laisser sa teste. Ainsi les Albigeois furent chassez, et de huict cens mille qu'ils estoient, selon Perrin, ils furent reduits à ce petit nombre, qui s'est confiné és valées d'Angrogne et de Pragela, d'où on ne les a jamais peu tirer.

C'est ce qu'il m'a semblé estre necessaire de sçavoir, et c'est ce que je me suis efforcé de renger, le tirant des Historiens, et mesmes de quelques manuscrits qui n'ont jamais esté donnez au public, et que j'ay creu que tous curieux seroient aises de voir, afin de sçavoir en quel temps ce pays et par consequent Castres a esté tenu de toutes ces nations dont nous venons de parler.

Quand aux choses advenuës du depuis, n'y ayant eu que plusieurs guerres que je n'ay pas fait dessein de rapporter, je le passeray sous silence, me contentant de dire que Castres fut pris l'an 1562 et 1567 par noble Guillaume de Guillot, Seigneur de Ferrieres, et repris l'an 1572 et le 24 Aoust par noble Jean de Nadal, Seigneur de la Crosete, et enfin repris l'an 1574 par noble Jean de Bouffard, Sieur de la Grange, personnage non moins sçavant és langues, Astrologie et autres sciences, que capable de conduire une entreprise : car, estant passé de nuit par les moulins de Villegoudon, il en chassa trois compagnies de Corses et Albanois que Monsieur de Mignonac y avoit mises en garnison. Alors fut demolie la belle maison dite de Roquecourbe (parce qu'elle pouvoit servir de Citadelle). Elle estoit prés la porte d'Ampare, à Villegoudon, et appartenoit à noble Antoine de Martin, Seigneur de Roquecourbe, des Avalats, et Viviers, mary de Damoiselle N. de Sabatier, fille de Monsieur Sabatier, Sieur de la Bessede, Procureur General au Parlement de Tolose, touchant lequel est à remarquer qu'estant auparavant venu dans Castres visiter sa fille, le Chapitre de Castres et tous les ordres Religieux le furent recevoir à la porte de la Ville, avec la Croix, et le conduisirent dans l'Eglise, et de là il s'en alla à la susdite maison de Roquecourbe, accompagné du Juge, Consuls et autres, où tous les Seigneurs des environs luy vindrent rendre leurs complimens. Je n'ay pas voulu passer sous silence ceste circonstance pour marquer quel respect on rendoit à ceux qui portoient le caractere souverain.

Chap. II

De l'ancienneté, fondation et situation de la Ville de Castres.

Nous aurions à nous plaindre et à regretter nostre mal-heur de ce que les guerres, qui ont fait prendre et reprendre si souvent Castres, ont causé la perte de ses meilleurs tiltres, si ceste perte ne nous estoit commune avec plusieurs autres Villes. C'est là où je desirerois avoir puisé à mon souhait les memoires de son antiquité, afin de vous en faire part, au lieu qu'il me faut maintenant descouvrir à tastons et par conjectures les memoires de ceste Ville, dont les Historiens ont si peu parlé qu'à grand peine en peut-on trouver la moindre trace; neanmoins, ne permettant point en moy la continuation de leur faute, je diray ce que j'en ay peu descouvrir.

La Ville de Castres, selon Pierre des Valées, Chap. 20, est comme la capitale de tout l'Albigeois, située en un lieu dont le paisage est merveilleusement diversifié, et sur le fleuve d'*Agout*, qui se desgorge dans le Tarn, en la Gaule Narbonoise, *Braccata*, Septimanie ou Gothie, c'est à dire en Languedoc et païs de *Franc Alleu*, comme l'a tres-bien prouvé le sieur Caseneuve dans le Livre qu'il en a composé.

Cette Ville autrefois n'avoit presque autre bastiment considerable qu'un Monastere de sainct Benoist, dependant de S. Victor de Marseille. Ses premieres maisons furent du long de la riviere du costé qu'on puise l'eau, appellé *Bertrac*, où il y avoit un beau port. On sçait par traditive que ce lieu n'estoit jadis qu'un bois de sapins (dit de S. Vincens), et principalement du costé de Villegoudon, ce que confirment les vieilles maisons de Castres et lieux circonvoisins qui en sont basties. On attribuë sa fondation aux Romains, qui furent en ces quartiers et y camperent et passerent plusieurs hyvers, et à cause de cela luy donnerent le nom de *Castra*, qui veut dire un camp d'armée, ce que temoignent assez les Medailles qui ont esté trouvées en divers endroits, tant dedans que dehors la Ville. Et nous ferons voir au Chapitre suivant comme cette fondation a esté faite par *Jules Cesar*, et de plus le grand nombre d'Urnes sur lesquelles on void encore de l'escriture romaine, qui se sont trouvées à sainct Jean, à une mousquetade de Castres, où on dit qu'estoit le vieux Castres, prouvent que les Romains y en avoient jetté les premiers fondemens, et ce Chasteau vieux ruiné, dit *Castelmouton a Castrametatione*, semble confirmer ce que nous venons de dire, comme aussi le pavé à la Mosaïque qui se trouve à Gourjade, metairie fort proche de Castres, où il y a eu quelque Temple de divinité payene, car c'estoit là qu'on employoit cette sorte de pavé, comme on a veu au Temple de *Diane de Nismes* et autres. Cela est donc fort vray semblable, puis qu'il y a eu d'autres Temples pareils à nos environs, comme à Fanjaux, où

estoit le) Temple de Jupiter, comme son nom le témoigne venant de *Fanum Jovis idæi*, c'est à dire le
Temple de Jupiter, à *Puechtartari* celuy de Minerve
et à Carcassonne celuy d'Apollon.

Les *trois Crapaux* que plusieurs personnes de cette
ville dignes foy ont veu sur la porte de Villegoudon
sont aussi une marque assez considerable d'antiquité, puis qu'ils y estoient depuis longt-temps, et que
leur changement en Fleurs de Lis ne fut fait que
l'an 485, par Clovis, premier Roy Chrestien, selon
Bouchet, Guaguin et Corrozet; mais Nicolas Giles
dit que Charles VI les reduisit à trois Fleurs de Lis,
parce que Clovis les avoit prises sans nombre.

Jodocus Sincerus, en son Itineraire de France, marque aussi y avoir eu à Castres une tour d'*Heraclius*
où on voyoit cette inscription sous la figure d'un
Bœuf :

VENI, VICI.

J'ay veu depuis peu les medailles d'Antonin Pie, de
Claude Cesar, et d'Agrippe et autres, trouvées fort
pres de Castres, ce qui confirme que les Romains ont
habité autresfois ce pays.

C'est ce que j'avois fait dessein de dire de son antiquité pour le present, remetant les autres choses
que j'en ay à dire aux Chapitres suivans, en attendant
de voir les autres medailles qui s'y sont trouvées, afin
de recognoistre par ce moyen ceux qui l'ont habité,
puis qu'il ne nous reste aucune inscription ny autre
antiquité romaine, fors quelques fragmens de statuës,

d'inscriptions gothiques, et une pierre qui est au dehors du Convent des Religieuses de saincte Claire, où
on void deux hommes armez jouans aux eschecs, ce
qui estoit autresfois la devise des Goths.

Chap. III

Des noms de Castres et de Villegoudon, et de leur origine.

QUAND aux noms de Castres (je dis les noms, bien qu'à grand peine on luy en trouve un de vray dans les Historiens), ils sont en grand nombre, car, comme nous avons dit, les Romains l'appellerent *Castra*, à cause qu'ils y campoient, trouvans ce lieu propre à camper parce qu'il est environné comme de trenchées naturelles, comme a fort bien remarqué Castelfranc en sa Mecometrie de l'aimant, ou parce que le Monastere qui estoit autrefois à Castres portoit le nom de *Castras*.

D'autres l'ont appellé *Castra* à cause qu'il y avoit un Chasteau dedans qui reste encore, c'est pourquoy il est dit dans un vieux Historien qu'on venoit *à Castro de Castras*.

Les autres l'ont par abusion nommé *Castrena*, entre lesquels est Chenu, et dans une ancienne Cronique et le Livre dit *Præclara Facinora*, selon Monsieur Galand, il est appellé *Civitas et Villa sancti Vincentii de Castris, in territorio Albigensi*, pour la raison que nous dirons cy-apres.

Monet l'appelle *Castrii, Volcarum ager, Castrenses Tectosagum et Cordenses*.

Bien que ce mot de Castres ne semble denoter que des Chasteaux, on entend icy une Ville, car les anciens confondoient dans ce mot les petites villes fortes, ceintes de murailles, ce que Monsieur Catel en son Histoire de Languedoc confirme, disant que par *Castrum* les anciens entendoient *Oppidum*. Et en outre nous pouvons le prouver par la Popeliniere, qui dit que les premiers Albigeois qui estoient l'an 1160 tenoient la Ville de Castres (ne disant pas qu'elle ne fut qu'un Chasteau), qui suivoit leur parti et fut conquise sur eux, comme attestent les Livres et ses Archifs. Or, puis que j'ai cité la Popeliniere, je diray en passant la faute qu'il a faite en son Histoire lors que, parlant du Capitaine *Rascas* de Castres, il a mis *Cascas* en divers lieux et a fait ainsi faire la mesme faute au sieur d'Aubigné.

En apres je puis prouver que Castres estoit une Ville, et non des Chasteaux simplement, par Platine en la vie des Papes, et par Aimon le Moine, Livre 5, Chap. 20, qui temoignent que l'an 858 on l'appeloit *Pagus Albigensis*, et qu'alors le Convent dit *Castrum* y estoit dedans, et qu'on y apporta en ce mesme temps la Relique de S. Vincent, en consideration du lieu, car on n'a pas accoustumé d'en mettre de si considerables en des lieux de petite importance, et c'est alors que Castres fut dit *Villa sancti Vincentii de Castris.*

Le mesme Aucteur dit qu'on avoit apporté cette Relique de Valence d'Espagne, et que le Moine *Andualdus* la porta dans le Convent de S. Benoist de

Castres, où il y eut une si grande affluance de peuple que quelques uns y furent estouffez. Apres Louys le Chauve et les Religieux de ce lieu, craignans les Normans, porterent ceste Relique à Tolose, et puis les Normans abordans Tolose, elle fut rapportée à Castres. De ce transport de Relique voy de Marca en son Histoire de Bearn.

Il est donc aisé de conclurre que le lieu estoit bien grand et habité, et que le nom pluriel de *Castra* vient de ce qu'il y avoit un Convent, dit *Castrum*, et un Chasteau ou fort, car s'il eut esté autrement on ne l'auroit appellé que *Castellum*, et pour confirmer ce que j'ay dit, Pierre de Valsernay l'appelle *Urbem que dicitur Castre*, et l'appelle *Castrum nobilissimum*, et le chef de tout l'Albigeois, lors qu'il dit que l'an 1210 Simon de Montfort fut apppellé par les Bourgeois *Nobilissimi Castri*, et ainsi commença d'en estre Seigneur en cette année.

Castres est aussi appellé *Castrum Albigensium* ou *Helviorum* par Dupleix és memoires des Gaules, parce qu'il depend d'Alby, et ce mot de *Helvii* vient, selon Eusebe, de *Helvia*, mere de Ciceron, native d'Alby, ou plustost de *Helvus*, ancien mot qui, selon Festus, signifie de couleur blanche tirant sur le roux, telle qu'est celle des habitans de ce païs.

D'autres ont appellé Castres *Pagus Albiensis* par excellence, comme Adelmus Benedictinus appelle Tolose *Pagum Tolosanum*, et Ammian Marcellin appelle Paris *Castellum*; et selon Antonin en son Itineraire, Castres est appellé *Civitas Albigensium*, et Villegoudon *Godonis Villa*, ainsi dite d'un homme appellé Godo, qui ceda les droits Seigneuriaux qu'il avoit au Chapitre de Castres, ou comme qui diroit Ville des Goths, *Ville Goth*, ou Ville d'Agout, riviere qui y passe.

Les autres, selon Ortelius, ont appellé Castres *Cetoro et tessero*, et d'autres le logent sur le Tarn, à cause que la riviere d'Agoust s'y va rendre, et l'appellent *Cessero*, duquel parlent Pline, au Livre 3, Chap. 4, et Ptolomée, au Livre 2, Chap. 10; et au contraire *Varrerius* estime que *Cessero* est Cisteron, mais outre que, selon Dupleix, Cisteron s'appelle *Civitas Segestoriorum*, Castelfranc a respondu à Verrarius en refutant Duplinet, qui avoit eu la mesme croyance, comme on peut voir en son Livre de la Mecometrie de l'aimant.

Les autres disent que *Cessero* est Sainct Huberi ou Hyberi, mais Poldo Homme, grandement entendu en antiquité, asseure que *Vindomagus* est *Sainct Huberi*, qui s'appelle aussi *Araura*, à cause de la riviere d'*E-rault* qui y passe, et Castel-franc, qui n'est d'aucun de ces advis, dit que *Cessera*, qui est une autre Ville dont nous n'avons encore parlé, est ce *Cessero* dont ont parlé Pline et Ptolomée?

Il y en a encor d'autres qui distinguent *Cessero* de *Cesero*, disant que *Cesero* est Castres, et que *Cessero* est prés de Carpentras, faute que Henry Estienne et autres ont faite, parce que Pline en nommant *Cessero* parle apres de Carpentras, et Antonin appelle *Cesserone* un autre lieu prés de Besiers; mais il ne peut

estre Sainct Huberi, veu qu'il ne les fait estre distans
l'un de l'autre que de mille pas ou environ.

Quand à moy, je tiens avec Ortelius, Poldo et Lambert Daneau, que *Cassero, Cœscro, Cesero, Ceseri* ou
Cesarum, est nostre ville de Castres, qui fut appellée
par les Romains *Castra Cæsaris,* d'où sont venus ces
noms de *Castra* et de *Cæsero,* et les autres par abusion, et bien que quelques uns mettent *Cessero* sur le
Tarn, cela n'y fait rien, veu que Castres est dit estre
sur le Tarn par plusieurs Autheurs, parce que la riviere d'Agoust qui y passe se dégorge dans le Tarn.

Avant que faire la fin de ce chapitre, je veux encore
prouver et fortifier mon opinion par un argument tiré
des longitudes et lâtitudes des lieux. Car le lieu *Cessero*, selon Ptolomée et autres anciens Autheurs, est à
44 degrez de latitude et 21 degrez 15 minuttes de longitude, laquelle longitude n'est point differente beaucoup de celle de Castres que nos Modernes baillent,
entre lesquels est Henrion, qui le place à 43 degrez
39 minuttes de latitude, et 21 degrez 45 minuttes de
longitude, et quoy qu'il y ait quelque petite difference
de cette longitude et latitude avec celles de Ptolomée,
il ne faut pourtant croire que cette difference soit considerable, veu que toutes les longitudes et latitudes
des Villes se trouvent differentes en quelque chose de
celles que les anciens avoient prises.

De toutes les considerations susdites, je conclus que
nostre ville est nommée d'Auguste Cesar, ou l'une de
Jules Cesar, et l'autre de son fils adoptif Auguste, qui
fut és Gaules seize ans avant Jesus-Christ et y se-

journa long-temps, et puis le mot de *Cesero* ou *Cesarum* attribué à Castres dénote le nom de Cesar, et le nom de la riviere d'Agoust, qui vient d'Auguste, ou celuy de Ville-goudon, qui vient de Ville d'Agoust ou Ville d'Auguste, denotent le nom d'Auguste. Et ainsi nos deux villes jointes par la riviere composent le nom d'Auguste Cesar, ou du pere et du fils, qui estoient avant Jesus-Christ, et ainsi nous avons des marques assez antiques de nostre Ville de Castres.

Des armoiries de la Ville de Castres et de leur origine.

L A Ville de Castres porte emmanché d'argent et de gueules, comme portoit le Sieur de Corlaou, nommé Guillaume de Vaudrey, et comme Richard Comte d'Evreux, et comme on les void sur les murailles d'Avignon. Ces armes tesmoignent que la Ville de Castres a servi de retraicte, ou a esté bastie apres la retraicte d'un Camp de Romains, car les paux renversez qui sont ses armoiries le dénotent, veu que les Romains avoient accoustumé, selon Du Choul et autres, d'environner leur Camp de paux, ce qu'ils appelloient la circonvallation, et de là venoit qu'on donnoit la coronne Vallaire, *Castrense*, ou palissée, à ceux qui estoient entrez les premiers dans le camp des ennemis. Ces paux renversez veulent donc dire que leur palissade a esté defaicte, et qu'ils se sont retirez

Du depuis on a adjousté une chaussetrappe sur les armoiries de Castres, selon aucuns en memoire de quelque victoire obtenuë par le moyen de ces instrumens de guerre, et on a mis au dessus cette devise : Debout, parce que cet instrument ne peut jamais tomber qu'il

ne se trouve avoir une pointe en haut, et pour denoter qu'il faut que les hommes ne chancelent jamais
pour le service de Dieu et de leur Roy. J'ai veu du
depuis plusieurs chaussetrappes trouvées aux environs de Castres en foussoyant la terre, ce qui confirme ce que nous avons dit cy-dessus.

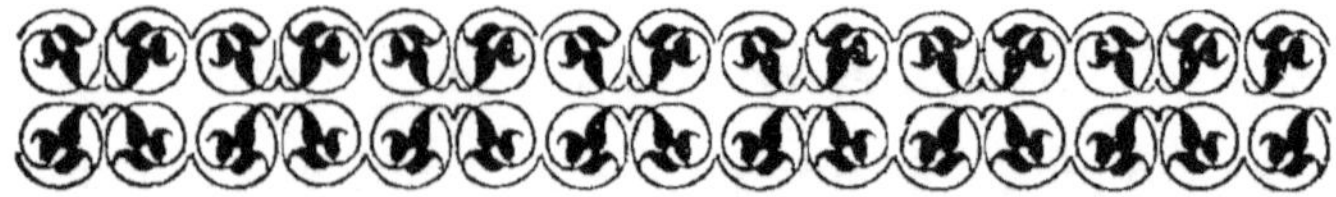

CHAP. V.

*De l'ancienne Abbaye et Abbez de Castres, de leur
sceau, et des freres barrez ou clathrez qui y
estoient.*

L'ABBAYE des Moines de sainct Benoist qui estoit
jadis à Castres est une des choses plus anciennes
qui y fussent; elle dependoit de sainct Victor de Marseille, selon Jean Tournet en son Livre des Dioceses,
et fut de ces Abbayes fameuses esquelles l'an 708, et
selon d'autres 815, furent mis par nos Roys des Abbez
qui estoient des Seigneurs, qu'on nommoit par fois
Abbicomites. Elle estoit fort considerable, tant pour
estre des plus antiques de l'Albigeois, selon l'Itineraire
d'Antonin, que pour l'austerité et bonne vie de ses Religieux. Et pour confirmation de ce que je viens de
dire, frere Jean Porcin, en son abregé de la Cronique
de sainct Benoist, dit que, *in ripa acuti*, c'est à dire
au rivage d'Agoust, *est Monasterium vocatum, à Castris in Episcopatu Albiensi*, où les Abbez et Moines le
jour de sainct Benoist benissent l'herbe, dite des habitans *impolluta*, qui ressemble au nasitort et qui descouvre les ladres, car, mise sur la bouche des personnes qui en estoient soupçonnées, si c'estoit à tort

3.

qu'on les accusoit, elle ne se fanissoit pas, mais si faisoit bien s'ils estoient coupables. *Nescio* (dit-il) *an hæc virtus ei sit innata, vel a sanctorum veniat benedictione.* Je ne puis m'imaginer quelle herbe c'est, ne trouvant point que la Cardamine ny le Senevé, qui ressemblent au Nasitort, ayent de vertu pareille. Je trouve bien que la Veronique est appellée herbe aux Ladres, mais elle ne ressemble point au Nasitort, parquoy j'estime que c'est quelque autre plante plus rare et particuliere à ce païs qui a cette vertu naturelle, et à laquelle j'ose imputer la cause qu'il n'y a pas de maladerie à Castres, les Ladres en ayans esté chassez depuis long-temps par·cette plante qui estoit leur pierre de touche, et à cause de laquelle ils n'osoient venir en ces quartiers.

Le susdit Porcin manuscrit conte d'autres choses merveilleuses de ce Convent, que par brieveté nous passerons sous silence.

Cette Abbaye estoit bastie en forme de Croix, et estoit à l'endroit où sont à present les Dominiquains; elle fut jugée de si grand merite par Charlemagne, qu'il l'orna et augmenta beaucoup l'an 770 ou environ.

Les Abbez qui y ont esté estoient en fort grande consideration, mais son ancienneté et perte de ses papiers est cause que nous n'avons peu ramasser qu'avec grand peine ces memoires de leurs noms que nous vous allons donner.

Mais avant que passer outre, il est necessaire de

sçavoir que l'ancienne Abbaye estant à S. Vincent, les Abbez bastirent aux Ormeaux une plus belle maison Abbatiale, dont l'Eglise estoit au lieu où est à present la Cathedrale, et s'estans changez là, baillerent la vieille Abbaye à des Religieux de S. Augustin; mais S. Dominique, estant allé visiter la Relique de S. Vincent, leur dit qu'il avoit ouy une voix qui lui avoit dit que ceste Eglise estoit à luy, à cause dequoy on la luy laissa librement, et les Religieux qui y estoient se retirerent ailleurs, de sorte que les Jacobins que S. Dominique institua y furent logez et y sont encore, et leur premier Prieur fut un nommé Louys Raymond ; mais en memoire que la maison Abbatiale de S. Benoist a esté là où ils sont, le Chapitre y va trois fois l'année, à sçavoir les jours de la Purification Nostre-Dame la Chandeleuse, auquel ils benissent les chandelles, et les jours de S. Vincent et de sa Translation ils y vont dire la Messe, et les Dominiquains se retirent et les laissent en liberté dans leur Eglise. Touchant cecy, voy le Chapitre 8.

Quand aux Abbez dont nous avons fait dessein de parler, le premier nom que je trouve d'iceux est d'un nommé Bernon, qui, selon M. Catel, estoit Abbé de Castres sous Charles le Chauve, c'est à dire l'an 841, et encor crois-je qu'il y a eu quelque autre Abbé aussi nommé Bernon. Car Aymon le Moyne dedie son Livre à Bernon, Abbé de Castres; or ce ne peut estre le premier, veu qu'il parle du suivant dans son Livre, car il ne peut pas parler d'un Abbé qui ne fut qu'apres celuy auquel il s'adresse.

Le second fut Elisagar, qui en fut l'an 854 et fut apres Evesque de Tolose.

Le troisiéme que je trouve s'appelloit, selon Aimon le Moyne, Chap. 20, Livre 5, Gilebert, qui en estoit Abbé lors que le Corps de S. Vincent fut apporté à leur Convent de S. Benoist, qui fut l'an 858, sous le Pape Jean VIII, selon Platine, qui appelle ce Convent ou Abbaye *Castrum in pago Albigensium conditum.*

C'est en ce temps là que les Moynes prindrent pour sceau et cachet de leur Abbaye, selon Catel, une teste de S. Vincent, y ayant à l'entour ces mots :

Sigillum sancti Benedicti Castri.

Ils avoient auparavant un autre sceau avec cette inscription :

S. G. Abbatis Castrensis.

Nicolas Bertrand, en ses Gestes de Tolose, parle d'un Sainct qu'il y a à Tolose, dit Gilebert Abbé, qui pourroit estre celuy de Castres dont nous avons parlé cy-dessus.

Le quatriesme, non en rang, car je ne mets que ceux que je sçay, est Guilabert, qui fut au Concile tenu à Alby contre les bons hommes, l'an 1176, comme rapporte Besse en son Histoire de Carcassonne.

Le cinquiesme est Guillaume, dit du Temps, qui en estoit Abbé, suivant Catel, l'an 1215. Je ne sçay si c'est ce Guillaume du Temps dont parle l'Histoire de

France, qui vescut 361 ans, selon Baudier en l'Histoire de l'Abbé de Sugger.

Le sixiesme est Guillaume Augery, qui en estoit l'an 1258.

Aymon le Moyne parle aussi d'un *Wuillelmus* Abbé de Castres, qui peut-estre est different du sus-dit.

Le septiesme est Alexandre, qui en estoit Abbé l'an 1302.

Le huictiesme est Alchias, qui en fut Abbé sous le regne de Philippe, l'an 1303.

Le neufiesme est Bertrand, qui en estoit Abbé l'an 1314, sous Philippe IV, Roy de France.

Le dixiesme est Guillaume Mezens, comme il appert de plusieurs actes.

Le unziesme est Petrus Isarni.

Le dernier est *Deodatus Severacus*, qui de dernier Abbé fut par son merite fait premier Evesque, comme nous dirons au Chapitre des Evesques. Cettuy-cy en fut Abbé l'an 1316.

De Castres dependent encore deux autres Abbayes, à sçavoir celle de Saincte Marie d'Ardorel, qui est à Aupoul, et celle qu'on appelle *Aqua Famosa*, autrement de Vilaines, ou de Vielmur, selon d'Avity, et toutes deux sont de l'Ordre de Cisteaux.

Outre cette ancienne Abbaye, on trouve aussi des memoires des Religieux de S. Jean qui estoient à Castres, appellez *Fratres Clatrati*. J'en ay veu un acte de l'an 1039, 3 *Idus Maij*, par lequel Guillaume, Evesque d'Alby, donne les bien de ces freres, dont le

Convent estoit ruyné, aux Religieux de S. Benoist, se reservant (dit-il) une lampe de cuivre où sont gravez 3 caracteres Hebrieux qui luy donnent le pouvoir de brusler sans huile avec la seule eau de riviere.

Dans une autre acte de l'an 1046, les mesmes Freres sont appellez *Fratres Barrati*. De sorte qu'on peut conjecturer que c'estoient les Carmes ou Religieux de S. Jean qu'on obligea de bigarrer leurs habits ou de déloger du Mont-Carmel, et ce mot *Clatrati*, qui vient de *Clathrum*, c'est à dire un chassis ou treillis (à cause dequoy on appelloit les fenestres *Clatratæ*, selon Plaute, *in milit. sc.* 4, *a.* 2, et Horace, *objectos caveæ Valvis si frangere Clathros*), denote qu'ils devoient avoir des habits à barres de diverses couleurs; le nom de barrez le marque aussi. Voy ce que j'en dis ailleurs.

Cette lampe caracterisée à la maniere d'un Talisman me fait souvenir d'un vase de marbre blanc en forme d'urne ou conche qui, selon du Brueil en ses Antiquitez de Paris, se void au Convent des Religieuses de Footel, les Malenoë prés de Paris, ayant deux anses et sur chacune deux characteres Hebrieux qu'on croit numeraux *sc.* un *Men*, ouvert, qui vaut 40, *Gayn* 70, *Men* fermé 600, *Resch* 200, qui fait en tout 910. Il contient deux sceaux d'eau, et on asseure que l'eau ne s'y corromp jamais, et qu'elle guerit des fiévres.

Chap. VI.

Des Seigneurs et Comtes de Castres, avec leur His-
toire Genealogique, et Epitaphes, et premierement
de la tres-illustre et ancienne famille des
Montforts, recueillie de divers Autheurs,
de plusieurs manuscrits antiques, et
des vieux Actes et Archifs de la
ville de Castres, etc.

Il y a beaucoup d'Historiens qui ont dit quelque
chose de la genealogie des Montforts, comme du
Tillet, les sieurs de saincte Marthe, Monsieur Catel
et autres, mais toujours on la trouve defectueuse. Le
dernier qui en a parlé est David Defos, qui en dit
quelque chose dans la preface de son Livre des Droits
du Comté de Castres, mais il confesse qu'il a aussi
esté defectueux; c'est pourquoy, ayant descouvert par
mes recherches des memoires particuliers, et la pluspart de leurs epitaphes, qui sont les meilleurs actes
qu'on puisse avoir pour prouver une Histoire, j'ay
débrouillé ce chaos que les Autheurs nous avoient
laissé, le mieux qu'il m'a esté possible.

J'oseray imputer la cause de ces erreurs à ce qu'il
y a eu une autre famille de Montforts, et ainsi nos Au-

theurs, les ayans confonduës, n'ont peu desmeler cette fusée. Mais voicy la vraye genealogie de la maison des Montforts qui ont esté Seigneurs de Castres, et qui mesme s'en disoient Comtes avant qu'il fut erigé en Comté.

L'an 997, Robert, Roy de France, fils de Hugues Capet, eut un fils de Berthe, Comtesse de Noyon, dite Agnez, qui fut appellé Amaury premier, lequel Paradin et plusieurs autres ont mal à propos estimé bastard, veu que ledit Roy Robert avoit espousé en premieres noces ladite Berthe, selon Corrozet, mais il la quita apres parce qu'elle estoit sa parente, et donna audit Amaury le Comté de Montfort, qui est prez de Paris, comme aussi plusieurs autres places considerables, suivant Bonald en ses manuscrits.

Cet Amaury Comte de Montfort eut trois fils, à sçavoir Amaury II, une fille qui, selon du Tillet, fut mariée à Huon, sire de Crecy, fils du Comte de Rochefort et Grand maistre de France, et Simon premier de Licestre, Comte de Montfort, que Tillet appelle mal second.

Amaury II eut fils et fille, à sçavoir la Comtesse de Meullant, et N.

Simon premier son frere, dit le Chauve, eut trois femmes. De la premiere il eut Amaury de Montfort, et d'Elizabeth sa troisiesme femme, qu'on appelloit aussi Ernice ou Amicie, qui estoit sœur aisnée et heritiere de Robert Comte de Licestre et de Roger Evesque de sainct André en Escosse, il eut Simon II, Comte de Montfort et de Licestre, et Guy de Montfort,

Comte de Sidoine ou Sageste en Levant, qui mourut outre mer. Leur mere fut apres remariée au Sire des Barres, d'où sortit Guillaume des Barres, Chevalier fort renommé.

De sa seconde femme, fille de Richard Comte d'Evreux, qui selon du Moulin vivoit l'an 1087, il eut Amaury III, Comte de Montfort et d'Evreux, et Bertrande ou Berthe, qui fut mariée à Foulques Rechin Comte Danjou, d'où sortirent Amaury et Baudoüin, Roys de Jerusalem.

Simon II, Comte de Montfort et de Licestre, lequel du Tillet appelle troisiesme, fit la guerre aux Albigeois et fut à Muret, qui estoit assiegé par le Roy d'Aragon et autres, au rapport de plusieurs Autheurs comme Nicolas Bertrand et Baiole, qui asseurent que ledit Roy y mourut, et ainsi le siege estant levé par le moyen dudit Simon de Montfort, il en revint sain et victorieux, bien que du Tillet die qu'il y mourut. En quoy il s'est grandement trompé, comme a fort bien remarqué le Sieur Galand, veu qu'il fut au Concile tenu à Montpelier l'an 1214, où on lùy donna, selon l'Histoire Tolosaine de Noguier, le Comté de Tolose et Duché de Narbonne, en ayans despoüillé le Comte Raymond, accusé, selon N. Bertrand en ses gestes de Tolose, d'avoir esté partisan des Albigeois parce qu'il les avoit favorisez, de sorte que Simon II de Montfort se qualifie apres dans une lettre qu'il envoye aux Bourgeois de Castres, qui se void encore dans Pierre de Valsernay, Duc de Narbonne, Comte de Tolose, et Vicomte de Besiers, Licestre et Carcassonne.

Simon II estant apres allé à Tolose traita trop rudement ses nouveaux sujets, voire de telle sorte qu'ils
se porterent à le chasser de la Ville; mais voulant
avoir raison de cet affront, il les assiegea l'an 1218, et
mourut à ce siege selon de Serres, sa teste luy ayant
esté emportée par une grand pierre qu'un femme lascha d'une pierriere, qui estoit une ancienne machine
de guerre. Nicolas Bertrand rapporte cette mort, et
dit que son fils Emery emporta ses entrailles à Carcassonne, et les y fit ensevelir, et le corps, selon Andoque en son Histoire de Languedoc, fut porté en
France, mais il y a quelque apparence qu'il fut porté
tout entier et enterré dans Carcassonne, ce que son
epitaphe confirme, qui se void encor à Carcassonne,
sur une grande pierre où il est representé tout armé
au dessus, avec cette inscription :

*Hic jacet Simon Comes Montisfortis, Dei et sanctæ sedis
Apostolicæ gratia, Dux Narbonensis, comes Tolosæ, et
Vicecomes Carcassonæ et Biterris, qui fuit in parte linguæ
Occitanæ, Monsfortis Ecclesiæ Romanæ contra pestilentem
Albigensium hæresim. Vixit in sanctitate morum et mili-
tari probitate, et sub sua tuitione et defensione inno-
centia Christiana ab hæretica impietate tuta permansit.
Exaltavit eum Dominus suis militaribus gestis et infi-
nitis curis eum fatigavit, et tanta paupertate depressit ut
superbus fieri ei non licuerit. Cum iste magnanimus vir in
obsessione Tolosæ sacrum audiret, hostes ferociter et
magno impetu in Castra irruerunt, quod cum ei denun-
ciatum esset, ait: Nisi prius christum meum videro, non
vadam, et cum sacerdos sacram Eucharistiam levasset,
tunc devotus homo, flexis genibus, manibus, oculisque ad*

cœlum erectis, dixit : Nunc dimittis servum tuum, Domine, secundum verbum tuum in pace, quia viderunt oculi mei salutare tuum; et addidit : Eamus et moriamur pro eo qui nobis mori non est dedignatus; et ictu lapidis percussus fuit in capite, ita ut cum se moribundum cognosceret, et ad extremas vitæ metas anhelare sentiret, bis suo pectore percusso, se Deo beatæque virgini Mariæ commendavit, mortemque Divi Stephani imitatus, sicut ille in sua patria, lapidibus obrutus, obdormivit, antequam lethiferum lapidis ictum sensisset. Iste fortissimus Eques vel gloriosus Martyr Jesus-Christi, ad imaginem et similitudinem sui salvatoris, pro cujus amore mortem patienter ferebat, quinque sagittis fuerat transfixus. Quamobrem eum in cœlis cum illo fœliciter regnare credimus. Ex hoc sæculo migravit crastina die nativitatis sancti Joannis Baptistæ, anno incarnationis 1218.

C'est ce Simon II qui l'an 1216 fut fait Maistre titulaire du Languedoc et Seigneur de Castres en particulier. De sa femme dite la Comtesse Alix de Montmorancy, il eut quatre fils, à sçavoir Amaury, Simon, Guy et Philippe, et une fille qui fut promise en mariage à Jacques d'Aragon, fils aisné de Pierre Roy d'Aragon; mais il ne l'épousa pas à cause de la mort du Roy son pere, qui fut tué à Muret l'an 1213, selon Justel en sa Geneal. de la maison d'Auvergne, par quoy elle fut mariée apres au fils du Comte de Valentinois

Le premier des enfans de Simon II est, selon Monsieur Catel, Amaury IV, Comte de Montfort, qui ceda les droits qu'il avoit sur le Comté de Tolose au Roy Louis VIII, en recompense dequoy il le fit Conestable de France, et c'est le sujet pourquoy Charles, Comte d'Anjou et fils de Louys VIII, se dit Roy de Sicile, Jerusalem et Provence et Comte de Castres, s'en disant apres son pere ; or, selon divers contracts, Serres l'historien et Besse en son Histoire de Carcassonne, Castres fit hommage à Louys VIII, l'an 1226.

Cest Amaury Conestable mourut à Ydrunte et fut enterré à Rome, il fut marié avec la fille du Dauphin de Viennois, de la famille des Ducs de Bourgogne, dite la Duchesse de Narbonne. Les nopces furent celebrées à Carcassonne l'an 1214 ; et par ce moyen, selon Noguier, il fut beaufrere du Duc de Bourgogne. Il eut d'elle un fils nommé Jean de Montfort, Comte de Squilace, qui mourut en Cypre, où il laissa grande lignée ; mais du Tillet dit qu'il en eut deux, dont l'aisné fut pere de Jean, qui fut Mary de Craon, d'où nasquit Beatrix, femme de Robert IV, Comte de Dreux.

Amaury IV eut aussi trois filles : la premiere c'est Eleonor, qui eut trois fils, l'un Seigneur de Sainct Amans, l'autre d'Embialet et l'autre de Villefranche.

La seconde fille, nommée Laure, Dame Despernon, eut pour dot les terres basses d'Albigeois, et fut mariée au Comte de Guyenne, et apres, selon quelques Autheurs, fut femme de Ferry ou Ferdinand de Castille, d'où elle eut un fils nommé Guido et quatre filles, sçavoir : la Comtesse de Bologne, la Comtesse de Vigiles, la Comtesse de Foix, qui eut un fils qui fut Comte de Foix et que son pere tua à coups de dague, et la quatriesme fut la Comtesse de Guyenne, qui eut une fille et trois marys tous Comtes, l'un de Perdriac, l'autre d'Arnat et l'autre de Foix, et survescut à tous.

Quand à la troisiesme fille, on ne trouve aucun memoire d'elle.

Le second des fils de Simon II fut Simon III de Montfort, Comte de Licestre, qui, ayant faché le Roy de France, fut fugitif en Angleterre, où il se maria, selon Bonald, avec Eleonor, sœur de Henry III, Roy d'Angleterre, veufve de Guillaume Mareschal, Comte de Licestre, et le fit grand Mareschal ou Seneschal d'Angleterre. Ce Simon III fit la guerre, l'an 1263 et 1264, avec son frere Henry III et son fils Edouard, et les print tous deux prisonniers; mais Edouard, ayant trouvé moyen de se sauver, print apres prisonniers Simon et son fils Henry de Montfort et les fit mourir en prison l'an 1265.

Simon III eut de sa seconde femme Simon IV, mary de la Comtesse Alix, et Guy, Comte de Sidoine; et de sa femme Eleonor il eut quatre fils et deux filles : les fils furent Henry de Montfort, Simon Chevalier, Guy, Seigneur de Beine, qui fut marié à la fille du Comte Raoul de l'Anguillaire, qui le fit Gouverneur de Toscane, selon Guillaume de Podiolauro, et Nicolas Bertrand. C'est celuy qui, vengeant la mort de son pere, tua dans l'Eglise de Sainct Laurens de Viterbe le fils du Roy d'Angleterre, et puis mourut en prison en Sicile; les enfans qu'il eut furent, selon du Tillet, un fils nommé Philippe et une fille appellée Anastaise, qui fut Comtesse de Nôle et femme de Romain des Ursins. Le quatriesme des fils de Simon III fut Amaury V, qui fut homme d'Eglise et Tresorier d'Yort.

Les deux filles de Simon III furent Eleonor, qui fut femme d'Othin, Prince de Gales et Perronnelle, qui fut femme de Pierre de Courtenay, sieur de Conches, et apres de Henry, Seigneur de Suilly.

Le troisiesme fils de Simon second fut Guy de Montfort, Comte de Bigorre et Vicomte de Marsan, qui, selon Fournier, mourut à Castelnaudary : son genre de mort fut d'un coup de pierre qui luy fut jettée l'an 1226, d'une machine au siege de Vareles prez d'Appamiers. Du Tillet dit qu'il fut mary de Pierrette ou Peronnelle, vefve de Gaston de Bearn, d'où il eut deux filles, sçavoir Alix et Peronnelle ; Alix eut deux fils et deux filles, l'aisné des fils est Eschimat, et le second Jourdain de Chabanes, ils moururent sans enfans ; les filles sont Lorre, Vicontesse de Turenne, et Mahaud, Comtesse de Thyerre, femme de Messire Philippe de Flandres.

De Peronelle de Montfort, femme de Raoul Tesson, nasquit Guillaume Tesson, Chevalier. Apres la mort de Guy, elle se remaria à Aimery de Rancoignes et puis à Boson de Mathes. Elle eut en tout cinq marys ; de ce Mathes elle eut une fille appelée Marthe qui se maria à Gaston de Bearn, d'où sortirent quatre filles, à sçavoir : Constance, Vicomtesse de Marsan ; Laure, Comtesse d'Armagnac ; Marguerite, Comtesse de Foix, et Guillaume, femme de Pierre d'Aragon.

Le quatriesme et dernier des fils de Simon II est

Philippe de Montfort, sieur de la Ferté Aleps et Seigneur de Tyr; c'est celuy qui est le premier qui, selon du Tillet et Catel, fut dit vray Seigneur de Castres, parce que le Roy lui donna l'Evesché d'Alby, où estoit compris celuy de Castres, et alors les Bourgeois de Castres le furent trouver à Lombers pour luy rendre leurs devoirs comme à leur nouveau Seigneur.

Ce Philippe icy fut à la terre saincte avec sainct Louys, c'est pourquoy il est dit Seigneur de Tyr; il mourut à Carthage et fut enterré à Rome, ayant esté auparavant Mareschal de Camp de Charles Roy de Sicile, où il luy fit obtenir la victoire contre Mainfroy. Il vivoit l'an 1229 et 1270, selon un manuscrit ancien, et laissa un fils appelé aussi Philippe, ce que du Tillet n'a pas dit, et dont Galand le censure.

Ce Philippe premier eut deux femmes : l'une Angloise, appellée Alix de Bretagne, née l'an 1297, et morte l'an 1369, et qui est enterrée dans l'Eglise des Freres Prescheurs du Mans; et l'autre Françoise, nommée Jeanne de Leuis. Il eut de la Françoise Laure, femme de Bernard Comte de Commenge, qui mourut sans enfans, Helips ou Alix, Amfredus de Montfort, Simon V, qui mourut à Naples ayant esté tué à la guerre de Charles VI, et le dernier fut Jean.

De l'Angloise il eut trois enfans, à sçavoir : Jean, qui fut sans lignée, Philippe II et Eleonor.

Philippe II, dit le Jeune par Caseneuve, et dans divers actes, fut Comte de Montfort, Viceroy de Naples, et Lieutenant pour son pere pendant qu'il

estoit à la guerre hors du Royaume ; il fut Seigneur de
Castres selon Catel, et fit des reglemens pour ladite
Ville touchant la Justice, l'an 1245 et 1268 ; luy es-
tant à Roquecourbe, et cette mesme année fit hom-
mage au Roy de France, il donna des priviléges à
Castres l'an 1270.

Apres la mort de Philippe le Jeune, Jean son frere
fut Seigneur de Castres ; il fut surnommé le Vaillant,
fut Seigneur de Thoron et Chancelier du Roy de Naples, et fut à la guerre de Naples. Il eut deux femmes,
à sçavoir Jeanne, fille de Charles premier, Roy de Navarre, et Marguerite, qui le survescut et se maria à
Robert de Dreux, Chevalier, Comte de Montaut. Ce
Jean mourut sans enfans, et apres sa mort Jeanne et
Eleonor, ses sœurs consanguines, furent en different
pour la Seigneurie de Castres, de sorte que le Comté
fut gouverné par Commissaires pendant leur different,
et fut enfin adjugé à Eleonor, qui se maria à Jean premier Comte de Vendosme ; et ainsi la Seigneurie de
Castres, selon du Tillet, tomba entre les mains de la
maison de Vendosme.

CHAP. VII.

De la seconde branche des Comtes de Castres, à sçavoir de la maison de Vendosme.

Du mariage d'Eleonor de Montfort avec Jean premier de Vendosme, Seigneur de Castres, nasquit Bouchard premier de Vendosme, dit le Grand, qui fut Seigneur de Castres l'an 1320, et acheta, l'an 1348, la moitié du Vicomté de Lautrec à Pierre, Vicomte de Lautrec, Seigneur de Monredon.

Les Sieurs de Saincte Marthe disent que Bouchard eut une autre femme, appellée Alix de Bretagne comme celle de Philippe I de Montfort, ce que je trouve confirmé par l'Epitaphe de la fille qui est cy-apres.

Ce Bouchard eut trois enfants, à sçavoir Jean, Pierre, et une fille, dont l'Epitaphe se void encor à l'Eglise des Mathurins de Paris, au milieu du chœur, selon du Breul en ses antiquitez de Paris. Elle est telle :

EPITAPHE DE JEANNE DE VENDOSME.

Cy gist noble Damoiselle Jeanne de Vendosme, Dame de Brethancourt, fille de tres-noble Prince Monsieur Bouchard, jadis Comte de Vendosme, Seigneur de Cas-

tres, et fille de tres-noble Dame Madame Alix de Bre-
tagne. Priez pour ladite Damoiselle, que Dieu mercy luy
face, laquelle trespassa l'an 1395, le 29 de Novembre.

Selon Catel, le susdit Bouchard eut encor un autre
fils que Defos fait succeder au Comté, mais il est ma-
nifeste par l'authorité de beaucoup d'Autheurs graves
et actes que ce fut Jean II, fils de Bouchard I, qui fut
marié à Jeanne de Ponthieu, fille du Comte d'Aumale,
et de Madame Catherine, fille du Comte d'Artois,
dont il eut Catherine de Vendosme et Bouchard II,
dit Bouchardel. Car, selon un vieux acte que j'ay veu,
elle est dite Comtesse de Vendosme et de Castres, et
est dit qu'elle fut tutrice du Comte Bouchard son fils,
qui mourut jeune, après s'estre marié avec Isabeau
de Bourbon, et en avoir eu Jeanne, Comtesse de Vendosme et de Castres, qui fut sous la tutelle de Jeanne
de Ponthieu, son ayeule, et ne fut point mariée; et
partant Catherine de Vendosme, sa tante, fille de
Jean II, fut Dame de Castres, et pendant que Jeanne,
qui auroit esté laissée au berceau, vescut, Castres eut
pour Gouverneur Philippe de Brueriis, selon une
vieille reddition de Comtes faite à la Comtesse de
Castres, se qualifie, *miles* (c'est à dire Chevalier) *Do-*
minus de Rivello, et gubernator Castrensis pro supra-
dicta Comitissa.

M'estant tombées entre les mains les Epitaphes des
susdites Jeanne de Ponthieu, Jeanne de Vendosme
et Isabeau de Bourbon, sa mere, je croy qu'il ne sera
pas hors de propos de les mettre dans ce chapitre. La

premiere, à sçavoir Jeanne de Ponthieu, gist au convent des Jacobins de Paris, en basse sepulture, à main gauche, prés du sepulchre de Clemence, seconde femme de Louys Hutin, suivant le sieur du Breul en ses antiquitez de Paris, et autres Autheurs, avec cette inscription :

EPITAPHE DE JEANNE DE PONTHIEU.

Cy gist Madame Jeanne de Ponthieu, Comtesse de Vendosme et de Castres, laquelle deceda en l'an 1376, le 30. jour de May.

Les autres deux gisent à l'Eglise S. George de Vendosme, et leurs inscriptions sont telles :

EPITAPHE D'ISABEAU DE BOURBON.

Cy gist Madame Isabeau de Bourbon, Comtesse de Vendosme et de Castres, et Vicomtesse de Beaumont, fille de tres-haut et puissant Prince Jacques de Bourbon, Comte de Ponthieu et de la Marche, Conestable de France, et de Madame Jeanne de Sainct Paul, Comtesse des susdits Comtez, lequel Messire Jacques fut fils de tres-haut et puissant Prince Louys de Bourbon, nepveu de S. Louys en droite ligne, et de Madame Marie, fille du Comte de Hainaut, Duchesse de Bourbon, qui trespassa l'an 1400.

EPITAPHE DE JEANNE SA FILLE, AU MESME LIEU.

Cy gist aussi Madame I. de Vendosme, Comtesse de Vendosme et de Castres, qui fut fille du dessusdit Comte, Monseigneur Bouchard, et à la susdite Comtesse, Madame Isabeau de Bourbon, qui trespassa l'an de grace 1400, etc.....

Et quand à Jean, mari de Jeanne de Ponthieu, apres avoir esté racheté des Turcs par lesquels il avoit esté fait prisonnier en une bataille où il fut avec l'Empereur Sigismond, il mourut l'an 1397, selon la Genealogie des Bourbons, de I. Montbeliard.

De la troisiesme branche des Comtes de Castres, à sçavoir de la maison de Bourbon.

L E Comté de Castres vint à la maison de Bourbon par le moyen de Catherine de Vendosme, qui espousa Jean de Bourbon, fils de Jacques.

Jacques de Bourbon, Comte de la Marche et Ponthieu, Connestable de France, l'an 1341, estoit descendu de Sainct Louys. Il fut des principaux qui allerent à la guerre pour le Roy, en Picardie, contre les Anglois, l'an 1353, où il fut fait prisonnier et mené en Angleterre. Ce Prince fut fort malheureux, car, s'estant trouvé en trois batailles, il fut blessé à la premiere, fait prisonnier à la seconde, et tué à la troisiesme. Il fut mary de Jeanne de Laval, fille du Comte de Sainct Paul, Hugues de Chastillon, laquelle mourut l'an 1371, luy ayant laissé trois fils et une fille. La fille fut Isabeau de Bourbon, qui eut deux marys, à sçavoir Louys, Vicomte de Beaumont, qui mourut l'an 1364, et Bouchard de Vendosme, d'où sortit Jeanne de Vendosme. Les trois fils furent Jean, Jacques et Pierre. Ce Jacques de Bourbon estoit en telle consideration, que le Roy d'Angleterre, Edouard, qui le tenoit prisonnier l'an 1360, parle de luy dans le traité de Paix fait à Bretigny en ces termes : Et par ce que nous sçavons bien de verité que nostre cousin, Messire Jacques de Bourbon, a tousjours mis peine à ce que accord fût fait entre nous et nostre frere de France, en quelque estat qu'il soit, rançonné ou à rançonner, nous le delivrerons sans coust et sans frais en la Ville de Bologne ; mais que le traicté soit tenu, ainsi que nous l'esperons qu'il le sera.

Pierre mourut avec son pere au combat de Brignais, près de Lyon, comme leurs Epitaphes le témoignent.

EPITAPHE DE JACQUES DE BOURBON,
Qui se void à Lyon, dans l'Eglise des Freres Prescheurs,
à la main droite du grand Autel.

Cy gist Messire Jacques de Bourbon, Comte de la Marche, qui mourut à Lyon de la bataille de Brignais, qui fut l'an 1362, le Mecredy devant les Rameaux.

EPITAPHE DE PIERRE DE BOURBON,
Fils dudit Jacques, qui se void à Lyon, au mesme lieu
que la precedente.

Item, cy gist Messire Pierre de Bourbon, Comte de la Marche, son fils, qui mourut à Lyon de cette mesme bataille l'an dessusdit.

Ce qui fait voir l'erreur de Denis Sauvage sur Froissard, lors qu'il dit que cette mort fut l'an 1361.

Le second fils de Jacques de Bourbon fut Jacques,

qui fut Seigneur de Preaux et grand Bouteiller de France; il mourut à la Rochelle l'an 1422, où il avoit suivy le Roy Charles VII. Il eut quatre fils de Marguerite de Preaux, à sçavoir, Louys, Pierre, Jacques et Charles.

Le premier fils de Jacques de Bourbon fut Jean de Bourbon, vray Comte de Castres, car ce fut en sa faveur que le Roy Jean de Valois erigea Castres en vray Comté l'an 1356, et qui donna de Privileges à la Ville de Castres és années 1359 et 1360.

Icy est à noter l'erreur du sieur Andoque, qui en son Histoire de Languedoc fait ce Jean fils de Bouchard de Bourbon, quoi qu'il n'y ait jamais eu aucun Bouchard de Bourbon, mais bien de Vendosme (car encore ces deux maisons n'estoient pas jointes), et renverse ainsi toute cette histoire; mais les Epitaphes suivantes le condamneront assez et ceux dont il a pris les memoires. Ainsi le Comté de Castres, qui comprenoit depuis la riviere de Tarn jusqu'à Agoust, tirant de Septentrion vers midy, commença heureusement par la maison des Bourbons, ce qui sembloit augurer qu'il devoit un jour estre sous la domination des Roys de France, comme le Comté de Tolose le fust aussi, estant présagé par une Fleur de Lys qui, selon Bertrand, des Gestes de Tolose, et Cassan en son Panegyrique du Languedoc, fut trouvée sur le Crane de Raymond XV, et dernier Comte de Tolose, qui mourut l'an 1253; et sa fille le mary d'icelle estans morts, le Roy Philippe, fils de Sainct Louys, leur succeda l'an 1270.

Ce Jean de Bourbon, Comte de la Marche et de
Ponthieu, dont nous avons parlé cy-dessus, fut Connestable de France l'an 1356, et accompagna Charles VI contre les Flamans l'an 1387, s'estant aupa-
ravant marié, à sçavoir l'an 1364, avec Catherine de
Vendosme, fille unique de Jean, Comte de Vendosme,
et de Jeanne de Ponthieu, sa femme, issuë des Ducs de
Normandie et Comtes d'Anjou. Elle fut apres dite
Comtesse de la Marche et de Castres, et Dame de
Lusignan, d'Espernon et Brethencourt; elle laissa
trois fils et trois filles. Mais, avant que je passe à leurs
enfans, voicy leurs Epitaphes; ils gisent à l'Eglise
Sainct George de Vendosme, en la Chappelle de
S. Jean.

EPITAPHE DE JEAN DE BOURBON.

*Cy gist tres-haut et tres-puissant Prince Messire
Jean de Bourbon, jadis fils de tres-vaillant Seigneur
Messire Jacques de Bourbon, et de Madame Jeanne de
S. Paul, sa femme, lequel Seigneur fut jadis Comte de
Ponthieu et de la Marche, et Connestable de France, et
fils du fils de Monseigneur S. Louys, et fut son espouse
Madame Marie, fille du Comte de Hainaut, lequel Messire Jean eut espouse Madame Catherine, Comtesse de
Vendosme et de Castres, et fut Comte de Vendosme, de
la Marche et de Castres, Seigneur de Leuze, de Carency, de l'Escluse les Doüay, de Montaigu en Combraille, de Lusignan en Narbonnois, d'Espernon, Brethencourt, Dutail, de Remalard, Fromalart, de Cailly,
de Clairy et de Quidebœuf, et eurent plusieurs enfans
lesdits Seigneur et Dame, lequel trespassa, l'an de grace
1393, le unzieme jour de Juin.*

EPITAPHE DE SA FEMME, CATHERINE DE VENDOSME,
Qui gist au mesme lieu.

Cy gist tres-haute et vertueuse Dame Catherine, fille de tres-puissant Messire Jean, Comte de Vendosme et de Castres, Seigneur de Lusignan et de Brethencourt, et de noble Dame Jeanne de Ponthieu, lequel Monseigneur le Comte fut fils de tres-haut et puissant Seigneur Messire Bouchard, jadis comte et Seigneur desdites terres, lequel fut fils du Comte Jean de Vendosme et de Madame Alienor, fille du bon Comte de Montfort, lequel eut pour espouse Madame Alix, fille au grand Duc de Bretagne et de la Reine d'Escosse. Et Madame Jeanne de Ponthieu dessus nommée fut fille du Comte d'Aumale et de Madame Catherine, fille du Comte d'Artois, laquelle Madame Catherine fut espouse de Monseigneur Jean de Bourbon, Comte de la Marche, et de son heritage fut Comtesse de Vendosme et de Castres, et Dame de Lusignan, d'Espernon et Brethencourt, du Tail, Fromalart, de Cailly, de Clary et Quidebœuf, qui trespassa le Vendredi premier jour d'Avril 1411.

Les trois filles de Jean de Bourbon et Catherine de Vendosme sont Marie, que Vigner fait mal à propos fille de Jacques; Charlotte, femme de Jean ou Janus, Roy de Cypre l'an 1409, et Roy de Jerusalem et Armenie; elle fut tres-belle et fut en Cypre l'an 1411. Monstrelet raporte que son parrin luy donna en faveur de ce mariage, selon Juvenal des Ursins, soixante mille escus d'or de dix-huict sols la piece. Son mary mourut apres sa prison en Egypte l'an 1431, ayant laissé deux fils et deux filles. Et la troisiesme fille fut Anne de Bourbon, femme de Jean, Duc de Berry, Comte de Monpensier, et en secondes nopces de Louys de Baviere, Comte Palatin et du Rhin, etc.

Les trois fils de Jean de Bourbon sont : le premier, Jean de Bourbon, Sieur de Carency et de l'Escluse, mary de Catherine d'Artois, et puis de Jeanne de Vendomois, dont il eut Louys, Jean, Pierre, Philippe, Marie, Jeanne, Catherine, Andriete, et Jacques, Sieur d'Aubigny, qui eut Charles et Jean.

Le second fils de Jean de Bourbon est Louys, Comte de Vendosme, qui fut fait prisonnier à Azincourt et mis à cent mille escus de rançon. Il eut deux fils, à sçavoir : Louys, et François, mary de Marie de Luxembourg, d'où sortirent : Louyse, Antoinette, Louys, François et Charles, Comte de Vendosme, mary de Françoise, fille de René, Duc d'Alençon, desquels vindrent Louys, François, Charles, Jean et Antoine, Duc de Vendosme, mary de Jeanne d'Albret, d'où est venu Henry IV. Louys de Bourbon, fils de Jean et de Catherine de Vendosme, gist à l'Eglise de Sainct George, en la Chappelle de nostre Dame, avec cette inscription :

Cy gist haut et puissant Prince Monseigneur Louys de Bourbon, Comte de Vendosme, et souverain Maistre de France, fils de tres-pieux et magnanime Prince Monseigneur Jean de Bourbon, Comte de Vendosme, de la Marche, de Castres, et de Ponthieu, et de tres-excellente Dame, Madame Catherine de Vendosme, Comtesse des sudits Comtez, lequel Monseigneur Louys deceda le 21 de Decembre l'an de grace 1447.

EPITAPHE DE SES DEUX FEMMES.

En ce mesme sepulchre gisent tres-excellentes et ver-tueuses Dames et Princesses Blanche de Roucy, Com-tesse de Vendosme, femme et espouse premiere dudit Comte Louys de Bourbon, et Jeanne de Laval, qu'il espousa en secondes nopces. Elle mourut en son Chasteau de Lavardin, prés de Vendosme, le 18 de Decembre 1468.

Le susdit Louys de Bourbon eut aussi de sa seconde femme un fils nommé Jean, qui fut marié à Isabeau de Beauveau. Ils gisent tous deux au mesme lieu, avec Epitaphes.

Le Troisiesme et dernier fils de Jean de Bourbon est Jacques de Bourbon, qui fut second Comte de Castres. Il eut encore un quatriesme fils, mais bastard, nommé Jean de Bourbon.

Jacques de Bourbon, Roy de Hongrie, Jerusalem, Sicile et Naples, Comte de la Marche, Castres et Piedmont, Seig. de Leuze, Montagu, et Condé en Hainaut, fut mary premierement de Beatrix de Navarre, qu'il espousa à Pampelone l'an 1406, fille de Charles III, Roy de Navarre, et non Catherine de Navarre, fille de Charles II, comme a voulu dire Defos en son Livre des droicts du Comté de Castres; et de Beatrix de Navarre il eut quatre filles, et entre autres Eleonor, son aisnée, et Marie de Bourbon, qui se fit Religieuse apres la mort de son pere. Apres il se maria en secondes nopces avec Jeanne, seconde Reyne de Naples, de Jerusalem, Hongrie, Sicile, Dalmacie, Croatie, Rame, Servie, Gallicie, Lodomerie, Comanie et Bulgarie, Comtesse de Provence, Forcalquier et Piedmont, laquelle il espousa l'an 1415, le 18 Octobre, au Chasteau Delovo, prés de Naples, suivant l'acte authentique de son mariage, qui est aux Archifs de Castres. Elle estoit fille de Charles III, dit de Duras, Roy de Sicile et Hongrie, et de Marguerite, Reyne de Sicile, selon Vigner. Il n'eut point d'enfans de cette Jeanne de Sicile ; mais parce qu'ils s'estoient faits donation mutuelle, et qu'elle vint à predeceder, il fut son heritier et successeur ausdits Royaumes. Son Lieutenant general dans Castres pendant son absence estoit Jean, sieur de Chasteau Morant. On fit les hommages à ce Jacques despuis l'an 1418 jusqu'à l'an 1432. Il fut fait prisonnier par les Turcs l'an 1396, à la bataille de Nicopolis. S'estant signalé en cette bataille contre Bajazet, et ayant payé une grande rançon, il fut fait grand Chambellan de France. Il mourut l'an 1438, et gist au Convent de Sainct François de Besançon (où il avoit donné une Chappelle), avec cette inscription, suivant belle Forest, Chifflet *in Vezuntio*, et l'Autheur de la vie de Saincte Colette, ce qui fut fait contre sa volonté, car il avoit ordonné que son corps fut enterré à Castres, au Convent de S. François, et puis tiré de là et mis aux pieds de Saincte Collette, en quel lieu qu'elle mourut.

EPITAPHE DE JACQUES DE BOURBON,
Comte de Castres.

Cy gist Jacques de Bourbon, tres-haut Prince, et ex-

cellent, de Hongrie, Jerusalem et Sicile, Roy tres-puissant, Comte de la Marche et de Castres, et Seigneur d'autres païs, qui pour l'amour de Dieu laissa freres, parens et amis, et par devotion entra en l'ordre de Sainct François, auquel il trepassa le 24. jour de Septembre, l'an 1438. Priez pour son ame devotement.

Sa femme Jeanne gist à Naples, ayant vescu 65 ans, et regné 20 et demy, estant morte l'an 1435, apres avoir causé mille traverses à son mary, et fait la guerre contre luy, pour avoir changé d'inclinations.

On void encore l'Epitaphe de la susdite Jeanne dans l'Eglise de l'Annonciade de Naples, selon Bossius, et Scipion Ammirato, qui a fait un livre exprez de la vie de cette Reyne, par lequel on apprend qu'elle fut si inhumaine, qu'apres avoir espousé solemnellement le susdit Jacques de Bourbon, non seulement elle le chassa de son Palais, mais aussi le tint en prison dans son Chasteau de Lovo, incitée à ce faire par Sforce, Seigneur Neapolitain pour lequel elle avoit de tres-fortes inclinations. Mais Jacques, en estant enfin delivré par l'intercession du Pape Martin, essaya de faire la guerre à sa femme, et vendit à cet effet la Ville de Tarente à Antoine Ursin, et se deffit aussi de diverses Seigneuries qu'il avoit au Comté de Castres; mais ce fut en vain, car il ne put recevoir du secours des François, qui estoient pour lors assez occupez contre les Anglois. Or le Pape, voyant les inhumanitez de cette femme, fit don du Royaume de Naples à Louys d'Anjou, à cause de quoy elle appella Alphonse, Roy d'Aragon, et l'adopta pour son fils, affin de l'obliger à s'opposer audit Louys; mais l'esprit inconstant de cette Reyne, joüant tousjours son personnage, fit que, s'estant lassée d'Alphonse, elle appella son frere à son secours contre ledit Alphonse, et, s'estant fortifiée dans Capuana, adopta son ennemy Louys d'Anjou, qui y regna, mais non pas paisiblement, estant tousjours fatigué par Alphonse. Enfin Jeanne luy survesquit, et estant morte de tristesse pour la perte de son fils adoptif, elle fit heritier René d'Anjou, Duc de Lorraine, frere dudit Louys, nonobstant quoy Alphonse s'empara du Royaume, et en joüit par consentement du Pape Eugene; voire mesme son fils bastard, Fernand, eut la dispense de luy succeder. Cette histoire s'est recueillie de Collenutius, Ammirato, et des Archifs de cette Ville.

Jacques de Bourbon estoit appellé Roy de Jerusalem, parce que tous les Roys de Naples se disoient Roys de Jerusalem, à cause que Jean, Comte de Brennes, Roy de Jerusalem, maria sa fille Yolante avec Frederic, Roy de Naples, et luy donna tous les droicts au Royaume de Jerusalem, selon Pandulphus Collenutius, en son Histoire de Naples; et c'est la cause pour laquelle le Roy de France, qui a esté successeur des Comtes de Castres, a des justes pretentions sur le Royaume de Naples et de Sicile.

*De la quatriesme branche des Comtes de Castres,
à sçavoir de la maison d'Armagnac.*

Eleonor, fille de Jacques de Bourbon et de Beatrix
de Navarre, fut mariée à Bernard d'Armagnac,
Comte de Perdriac, Vicomte de Çarlat, Murat, et
Conestable de France; il fut Comte de Castres par le
moyen de sa femme, et en receut les hommages
l'an 1434, et donna de privileges à la Ville de Castres
l'an 1438. Il eut deux fils de sa susdite femme, à sçavoir : Jean, qui fut Evesque de Castres, et Jacques
d'Armagnac, qui luy succéda au Comté.

Jacques d'Armagnac, Duc de Nemours, Comte de
Perdriac, Çarlat, Murat, Sainct Florentin, de la Marche et de Castres, Comte de la Marche, et Leuze, Condé,
Montagu et Combraille, espousa, l'an 1459, Charlotte,
que d'autres appellent Louyse, fille de Charles d'Anjou, Comte de Maine et Duc de Nemours.

Il eut trois fils et trois filles; les filles sont : Catherine, femme de Jean second, Duc de Bourbon; Charlote d'Armagnac, femme de Charles de Rohan, sieur
de Gié, qui mourut sans enfans, et Marguerite, femme
de Pierre de Rohan, sieur de Gié, Mareschal de
France, lequel fut aussi sans enfans. Les fils de
Jacques d'Armagnac furent Jean, Louys et Jac-

ques; Jean fut mary d'Yoland de la Haye, et n'eut point d'enfans ; il fut dit Duc de Nemours, Comte de Rhodés, Armagnac, Castres, etc. Sa femme se remaria à Pierre d'Armagnac, Comte de l'Isle Jourdain. Louys fut dit Duc de Nemours et Viceroy de Naples, où il mourut sans estre marié, l'an 1503.

Le susdit Jacques d'Armagnac, Comte de Castres, leur pere, ayant esté souvent pardonné pour crimes de leze Majesté, eut enfin la teste tranchée, et son Comté de Castres fut confisqué au Roy Louys XI, et donné à Bouffil de Juges, dont sa femme mourut de tristesse en enfantant.

Ce Jacques d'Armagnac fut assiégé par Pierre de Bourbon, Seigneur de Beaujeu (qui avoit commission du Roy pour le prendre), dans son Chasteau de Çarlat, qui estoit imprenable; mais ledit Beaujeu luy ayant fait esperer sa grace, il fut mené à Paris, condamné à confiscation de corps et biens, et executé à mort en public aux Hales de Paris, selon Dupleix en son Histoire de France, l'an 1477, et Louys XI cassa plusieurs Officiers qui n'avoient pas voulu assister à son jugement, le croyans innocent; et mesme Philippe de Comines asseure que le Roy se repentit par apres de l'avoir fait mourir. Son corps gist aux Cordeliers de Paris, selon les Croniques abregées de France; mais on ne luy mit point d'Epitaphe, parce qu'il est deffendu d'en mettre à ceux qui sont morts criminels de leze Majesté.

Chap. X.

De la cinquiesme et derniere branche des Comtes de Castres, à sçavoir de la maison de Juges.

Nous avons dit cy-dessus comme après la mort de Jacques d'Armagnac, le Roy Louys XI fit don du Comté de Castres l'an 1477, tant pour luy que ses enfans masles, à Boffiglio de Juges, Chevalier, Chambelan du Roy et son Lieutenant aux Comtez de Roussillon et Sardagne.

Ce Bouffil, selon Collenutius en son Histoire de Naples, estoit un Seigneur Italien venu au service du Roy de France Louys XI, qui l'employa avec grandes promesses et prieres contre le Roy d'Espagne, et en fut si bien servy qu'il acquist par sa vaillance le Comté de Roussillon, à cause de quoy le Roy ayant esgard à ce qu'il avoit esté privé de ses biens en Italie pour s'estre rengé du parti de France, luy bailla en don et recompense le Comté de Castres pour lequel il fit hommage au Roy, d'une coupe d'argent doré du poids de deux marcs, payable au Tresorier de la Seneschaussée de Carcassonne à chaque mutation de Seigneur. On fit les hommages l'an 1480 audit Comte Bouffil. Il estoit issu de l'ancienne famille des Surgiens, qui s'estant retirée jadis en Sicile à cause de la haine des Romains contre elle, y edifia une Ville qui s'y void encore à present. Cette famille estoit si considerable, que par son aide l'Empereur Barberousse obtint une victoire fort signalée contre ses ennemis.

Il fut marié avec Marie d'Albret, cousine du Roy de France, et sœur d'Alain d'Albret, pour la dot de laquelle luy fut constituée la Seigneurie de Roquecourbe, et trente mil livres de rente. De ce mariage vint une fille, nommée Louyse de Juges, laquelle sa mere maria contre le gré de son pere avec Jean Cadet de Monferrand, mais pour les ingratitudes de sa femme et fille, il les desherita et donna le Comté à Alain d'Albret son beau-frere, qui se qualifie Comte de Dreux, de Castres, de Gaure, de Panthievre, et Perigort, vicomte de Limoges, et Tartas, Seigneur d'Avesnes. Il donna de privileges l'an 1499.

On tient que le susdit Bouffil se tenoit au Chasteau de Lombers, et sa femme à celuy de Roquecourbe, et qu'ils eurent guerre ensemble.

Outre la susdite Louyse, il eut aussi un bastard nommé François de Juges, auquel il donna quatre Baronnies et plusieurs autres biens.

En fin, ledit Bouffil, apres avoir jouy vingt ans du Comté de Castres, mourut sans enfans masles legitimes, et ainsi le Comté de Castres revint à la Couronne de France, et y est demeuré jusques au jour present.

Outre les Seigneurs et Comtes de Castres, on trouve des memoires des Ducs, Barons et Vicomtes de Castres, mais il faut considerer, comme a remarqué fort bien Catel, que les anciens usurpoient indifferemment les noms de Duc, Marquis, Comte, etc. Ainsi, à Tolose, les Marquis de Gothie estoient les Roys des Goths, comme on peut voir dans le Livre qu'en a composé Monsieur Alphonse d'Elbene, Evesque d'Alby. Et par ainsi l'Histoire des Comtés de Castres demeure fort bien esclaircie, ce qui estoit tres-necessaire audit Comté, comme estant un des plus considerables de France.

Chap. XI.

Des Blasons des Seigneurs et Comtes de Castres, et des maisons qui leur sont alliées.

Ayant jugé que ce seroit un travail curieux et mesmes utile, si je pouvois recouvrer les blasons et armes de ces anciennes familles dont j'ay parlé au Chapitre precedent, j'ay cherché dans beaucoup de Livres curieux qui ont traicté de ces matieres, et en ayant trouvé quelque chose, j'ay voulu l'inserer icy, afin de n'en priver point ceux qui en peuvent tirer de l'utilité.

De la premiere lignée des Comtes et Seigneurs de Castres.

Les armes de Montfort, selon le Cesar armorial, sont d'argent au chef de gueules, et, selon Andoque en son Histoire de Languedoc, une Croix d'hermines ancrée et gringalée d'or, c'est à dire dont les bouts se terminent en testes de serpens. Celles de Licestre sont de gueules à une quinte-feuille d'hermines.

Amaury, frere de Simon de Montfort, portoit de gueules au Lyon d'argent à la queue fourchée.

Jeanne de Navarre, femme de Jean de Montfort,

Comte de Castres, portoit party de Navarre, qui est de gueules au rais d'Escarboucles, pomelé d'or, et le reste d'hermines.

De la seconde lignée des Comtes de Castres.

La maison de Vendosme portoit anciennement d'argent au chef de gueules à un Lyon d'azur, armé et lampassé d'or brochant sur le tout.

Bouchard portoit d'argent, à la Croix de gueules, cantonnée de quatre coquilles de mesme selon le Cesar armorial. Catherine de Vendosme portoit l'escu party, ayant d'azur à 6 fleurs de lys d'or, en chacun.

De la troisiesme lignée des Comtes de Castres.

Bourbon Preaux porte party de Preaux qui est de gueules à l'aigle d'or.

Beaumont le Vicomte, d'azur au Lyon d'or semé de fleurs de lys d'or, parti de Bourbon la Marche.

Jean de Bourbon, Comte de la Marche, porte, selon aucuns, escartelé au premier et quatriesme, de France, à la bande de gueules, chargée de trois lionceaux d'argent, au second et troisiesme, un Lyon rampant, de gueules, à la queuë fourchuë.

Selon d'autres il porte d'azur à six fleurs de lys d'or, et encore selon d'autres un Lyon, mais je me tiens à la premiere opinion.

Car, selon saincte Marthe, Bourbon la Marche porte

semé de France au baston de gueules, pery en bande, chargé de trois Lyons d'argent, ce qui se raporte assez l'un à l'autre.

Chastillon, sainct Paul, porte de gueules à trois paux de vair, au chef d'or, chargé d'une fleur de lys de sable, au pied coupé pour brisure, et non comme a dit Jean le Feron, au catalogue des Conestables.

Bourbon Vendosme portoit d'azur à trois fleurs de lys d'or, au baston pery en bande, chargé de trois lionceaux d'argent selon le Cesar armorial.

Charlote de Bourbon, femme du Roy de Cypre, portoit escartelé au premier et quatriesme de Jerusalem, qui est d'argent à la Croix potencée d'or, au second et troisiesme burelé d'argent et d'azur, au Lyon de gueules brochant sur le tout qui est Cypre, party de Bourbon la Marche. Anne de Bourbon, mariée à Jean de Berry, portoit semé de France à la bordure engrelée de gueules, party de Bourbon la Marche.

Jean de Bourbon, sieur de Carency, portoit d'azur à trois fleurs de lys d'or, au baston de gueules pery en bande, chargé de trois Lyons d'argent, à la bordure de gueules. Jeanne de Sicile, femme de Jacques de Bourbon, portoit tiercé, le premier facé d'argent et de gueules de huict pieces, qui est Hongrie, le second d'azur semé de fleurs de lys d'or au lambel de trois pieces de gueules qui est Anjou Sicile, le troisiesme d'agent à la Croix potencée d'or, accompagnée de quatre croisetes de mesme qui est Jerusalem.

De la quatriesme lignée des Comtes de Castres.

Les armes de Nemours sont de Savoye, c'est à dire de gueules à la Croix d'argent, et la bordure engrelée d'azur.

Les enfants de Catherine d'Armagnac portoient escartelé, au premier et quatriesme, d'argent au Lyon de gueules au second et troisiesme de pourpre au Leopard lionné d'or, et selon d'autres de gueules au Lyon d'or.

De la dernière lignée des Comtes de Castres.

Albret portoit l'escu plein de gueules l'an 1250.

*Des Evesques de Castres, selon le Necrologue de la
Chartreuse de Castres, et de S. Sernin de Tolose, les vieux actes et les Autheurs, à sçavoir Robertus de Gallia Christiana,
Chenu des Evesques, Catel et autres.*

L'evesché de Castres fut separé de celuy d'Alby, qui dépend de l'Archevesché et Patriarchat de Bourges, car le Pape Jean XXII, l'an 1317, erigea Castres en Evesché et Cité, le desmembrant du susdit, qu'il divisa en deux, et non en trois comme quelques uns ont voulu dire; mais ils trouveront leur erreur refutée dans Chenu en son Livre des Evesques, et en mesme temps le susdit Pape institua un Chapitre en l'Eglise de sainct Pierre à Burlats. Le tout fut fait suivant sa bulle de l'an 1316, donnée en Avignon.

1. Le premier Evesque de Castres fut le dernier des Abbez de l'Abbaye de Sainct Benoist, dont il a esté parlé cy-dessus, à sçavoir *Deodatus, Severatus, Deus dedit,* ou Dieu donné, que le susdit Pape crea Evesque l'an 1317; il mourut l'an 1327. Cettuy-cy fonda un College, pour entretenir douze pauvres prés de l'Eglise Cathedrale, dont le maistre s'appelloit Raymond Azays.

2. *Deodatus, Abbas Latiniacensis,* dit Daudé, fut le second Evesque, mais il tint peu le siege.

3. *Amelius,* qui en fut dés l'an 1328 jusqu'à l'an 1335, avoit esté Abbé de S. Sernin de Tolose. Il mourut en Novembre, suivant le Martyrologe de Sainct Sernin, qui, parlant de luy, dit :

Obiit Amelius Abbas Sancti Saturnini qui fuit Episcopus Castrensis.

4. Jean d'Armagnac en fut l'an 1339 et 1341, suivant les actes anciens.

5. Estienne en fut Evesque l'an 1353, sous le Pape Innocent VI.

Mr Mre G. de Masnau, Conseiller au Parlement de Tolose, homme curieux et sçavant, m'a communiqué l'Epitaphe de cet Estienne, qui se voyoit anciennement à l'Eglise de Sainct Benoist de Castres, dans le chœur à main droicte du grand Autel, en ces termes :

EPITAPHE D'ESTIENNE, EVESQUE DE CASTRES.

Ego Stephanus de Abavo, humilis Ecclesiæ Castrensis Episcopus, hoc conditus tumulo obdormio in Domino..... scio quod Christus à mortuis resurrexit et credo quod resurrecturus sum in novissime die, hanc docui vivendo et mortuus hanc ipsam profiteor.

6. Pierre en fut Evesque jusqu'à l'an 1365.

7. Raymond *de Sancta Gemma,* qui mourut le 7

Septembre 1374, suivant le Necrologue des Chartreux de Castres, qui dit :

Obiit 5 Decembris , anni 1374 Dominus Raymundus de Sancta Gemma Episcopus Castrensis, qui dedit pro initio Ecclesiæ nostræ mille Florenos, et volebat eam consummare solemniter, nisi fuisset morte præventus.

8. Helie de Radam ou Radem, qui en estoit l'an 1377 et 1380, sous les regnes le Charles V et VI.

9. Helie second, de Douzenaco, duquel le susdit necrologue, dit :

Obiit 30 Maii 1383 Dominicus Helias de Douzenaco, Episcopus Castrensis, qui dedit nobis semel 40 Francos.

10. *Guido* en fut un an seulement, à sçavoir jusqu'au 30 de May 1384.

11. Deodatus III, qui mourut l'an 1388.

12. Jean II d'Armagnac en fut l'an 1389, sous le regne de Charles VI.

13. Jean III de Digna en fut l'an 1398, sous le mesme Roy de France.

14. Jean IV d'Armagnac en estoit l'an 1407.

15. Jean V Engardus, dont le susdit Calendrier des Chartreux parle en cette sorte :

Obiit 27 Maii Dominus Joannes Engardus, Episcopus Castrensis, qui fecit consummare caput Ecclesiæ nostræ, et dedit centum scuta auri pro lignis chori, et multas alias pecunias expendit in opere Ecclesiæ, ultra mille francos fortis monetæ, et nisi ipse fuisset, Ecclesia nostra concamerata non fuisset præter caput tantum.

16. Jean VI Engardus, nepveu du susdit, suivant le mesme Calendrier, estoit nepveu du susdit et fut destiné pour son successeur.

17. Emeric *Natalis* fut Evesque de Castres l'an 1419, et ayant tenu six ans le siege, mourut l'an 1425; il avoit esté auparavant Abbé de S. Sernin de Tolose, et fut apres Evesque de Condom et enfin de Castres; il mourut en Octobre, selon le necrologue ou Martyrologe de S. Sernin, qui parle de luy en ces termes :

Obiit Dominus Aymericus Natalis, Abbas Sancti Saturnini, primo Episcopus Condomiensis, postea Castrensis, et referendarius Domini nostri Papæ.

18. *Raymundus II Mayrosius*, Evesque de Sainct Paul en Tricastin, fut fait apres Evesque de Castres; il fut fait cardinal, selon Ciaconius, par Martin III, l'an 1426, et mourut à Rome l'an 1427 et le 22 d'Octobre, ce qui est conforme à son Epitaphe qui se void encore à Rome en ces termes :

Ego sum Raymundus Mayrosius, tit. S. Praxedis Presbiter, Card. Castrensis vulgo nuncupatus, hæc est requies mea usque in finem sæculi, hic habitabo quoniam eligi eam. Orate pro me, fratres. Anno 1427 die 22 Octobris obii.

19. Jean VII, qui en fut la mesme année, apres avoir esté Confesseur de Charles VII, et en fin cardinal, de par Fœlix V, l'an 1440, au Concile de Basle. J'estime que c'est celuy qui, dans les Archifs du Chap. de Castres, est appellé Jean Amardy.

20. Pierre II, surnommé *Cotinius*, en fut depuis l'an 1427 jusqu'à l'an 1432, et fut Nonce du Pape Martin V vers le Roy de Castille, pour le divertir d'un schisme auquel il sembloit encliner.

21. *Geraldus Marietus*, ou Geraud Maiet, ou Marietou, en fut depuis l'an 1433 jusqu'à l'an 1448, car, ayant tenu le siege 16 ans, il mourut le 7 Juillet 1448, ayant esté Confesseur de Charles VII.

22. Monald ou Manald en fut l'an 1451 et mourut, selon le susdit necrologue, le 7 Aoust 1460.

23. Jean VIII d'Armagnac, frere de Jacques d'Armagnac, Comte de Castres, fut admis en jeune aage à l'Evesché; il fut garde du Conclave en la creation du Pape Innocent VIII, et tint le siege jusqu'à l'année 1490, en laquelle il mourut.

24. Cesar à Borgia fut Evesque de Castres l'an 1494, mais il quitta tost apres l'Evesché.

25. Charles de Martigny luy succeda, et commença l'an 1495.

Il fut Ambassadeur de Charles VIII et Louys XII, et ayant tenu 14 ans le siege Episcopal, le ceda en faveur de son cousin Jean, et non de Pierre, comme d'autres ont voulu dire contre la vérité des actes.

26. Jean IX de Martigny en fut jusqu'à l'an 1518.

27. Pierre III de Martigny en fut depuis l'an 1519 jusqu'à l'an 1528; il estoit frere du susdit Charles et de Reginaldus, Evesque de Vabre, et avoit esté Abbé de Ferrare avant qu'estre Evesque de Castres. Il choisit un successeur de sa famille, à savoir Charles.

28. Charles II de Martigny fut Evesque de Castres l'an 1528, mais pour fort peu de temps.

29. Jacques de Tournon, issu de la celebre Maison de Tournon, commença à en estre Evesque l'an 1531, et n'en fut que pendant quatre années, ayant quitté le siege pour estre Evesque de Valence. Il mourut le 15 Aoust 1553. Pendant son Episcopat, il fit seculariser les Chanoines de S. Benoist et leur fit quitter l'habit de Chan. reguliers qu'ils portoient, par la Bulle qu'il obtint le 7 Juillet 1531.

30. Antoine de Vesco en fut l'an 1535, ayant eu cet Evesché par eschange de son Evesché de Valence avec l'Evesque precedent. Il fut Evesque de Castres pendant 16 ans et mourut l'an 1551.

31. Claude d'Oraison, sorty de l'illustre Maison des Marquis d'Oraison, en Provence, en fut l'an 1551. Il fut à l'assemblée des Estats Generaux, tenus à Blois l'an 1577, et mourut l'an 1583.

32. Charles III de Lorraine fut apres Evesque de Castres, et tost apres fut fait Cardinal.

33. Jean X de Fossé, natif de Tolose, et Theologien de Paris, fut fait Evesque de Castres l'an 1584 ; il fit rebastir l'Eglise de S. Benoist, en memoire de-quoy il fit mettre sur la porte de ladite Eglise l'inscription suivante en marbre noir :

D. O. M.

Anno sal. 1630, *Ludovici justi* 20, *Joan. de Fossé, Theol. Paris. et Episcopus Castrensis, anno ætatis* 76, *sedis* 47. *Ædem hanc instaurandam curavit sub D. bene-*

dicti nomine, sui in Deum atque in gregem suum animi, perenne monumentum.

Il mourut le 13 de May 1632, en un aage auquel il pouvoit estre dit le Doyen des Evesques de toute la Chrestienté.

Il voulut estre enterré dans le chœur de ladite Eglise Cathedrale de Castres, et non à Tolose, où il s'estoit fait preparer un autre sepulchre. On void l'Epitaphe suivante sur son tombeau de Castres, où il gist :

Joannes de Fossé, patria Tolosas, Parisiensis Theologus, Episcopus Castrensis, conditionis humanæ memor, fatique sui verè Conscius, hoc alterum sibi monumentum, vivens destinavit, sub eo carnis resurrectionem expectaturus, obiit 3 idus Maii, anno salutis 1632, ætatis 79, sedis 49, tamdiu et tam benè vivè viator, et ora ut anima ejus in pace requiescat. Amen.

Balthasar de Budos, Evesque d'Augustopolis, qui avoit esté fait Coadjuteur du susdit Evesque l'an 1616, fut apres sacré Evesque d'Agde, et ainsi se despartit de sa future succession à l'Evesché de Castres en faveur du suivant.

34. Jean II de Fossé, nepveu du precedent et Conseiller Clerc au Parlement de Tolose, tient à present le siege Episcopal, auquel par sa probité, sçavoir et mérite, il ne donne pas moins de lustre que tous ses predecesseurs. Il fut creé Evesque de Coronée l'an 1628, en Mars, et fut sacré Evesque de Castres dans la Chartreuse de Tolose le 13 May 1632, jour du decez de son oncle.

Chap. XIII

Des Gouverneurs de Castres.

L a Ville de Castres ayant esté toujours en grande
consideration, a esté la demeure de plusieurs
grands Seigneurs, et entre autres de Monsieur le Duc
de Rohan, qui s'y tenoit ordinairement, et ou il luy
nasquit une fille.

En apres il y a eu beaucoup de Gouverneurs de
grande maison, comme les noms suivans le pourront
tesmoigner.

L'an 1562, noble Guillaume de Guillot, Seigneur de
Ferrieres, en fut Gouverneur ; il mourut l'an 1575
dans la Ville de Castres.

L'an 1563, Monsieur d'Ampuille, et apres luy Monsieur F. des Voisins, Seign. d'Ambres, Monsieur de
la Valete, Monsieur Emeric, Monsieur de Barauvant
et Monsieur de Sainct Martin, apres lesquels en furent
l'an 1568 Mr de Boisseson, l'an 1569 Mr de Biron,
Mr de Montgomery, l'an 1570 Monsieur de Reyne,
l'an 1572 Monsieur de la Crousete (homme de grande
conduite et qui s'est trouvé en beaucoup d'emplois
honorables, comme on peut voir dans Monluc, qui
l'appelle le *factotum*, il estoit Mareschal de camp de

Monsieur d'Ampville, et fut envoyé en Guienne pour s'opposer à Monsieur de Montgomery); l'an 1573 Monsieur de Montberaut, l'an 1574 Monsieur de sainct Fœlix, Monsieur de Paulin, Monsieur de Bouillon, Vicomte de Turene; l'an 1588 Monsieur de Ventigny, l'an 1592 Monsieur de Chambaut, et, apres eux, Monsieur de Clermont d'Amboise, Monsieur du Crusel, Monsieur de Malause, Monsieur de Lusignan et Monsieur Hondredieu de Chabagnac.

Si quelqu'un desire sçavoir l'estat auquel estoit cette Ville du temps qu'elle estoit fortifiée, il le pourra voir dans la planche de taille douce que le Sieur Jean Bertrand, Architecte, en donna au public. On avoit extremement reussi à la fortifier, et on asseure qu'il y avoit peu de Villes en France qui fussent plus fortes. Monsieur le Duc de Bouillon en estant Gouverneur avoit fait faire une partie de ces fortifications, et Monsieur le Duc de Rohan les fit achever, parce qu'il y avoit estably sa demeure et son Arcenal (qui estoit là où sont à present les Capucins), sous la direction du Sieur J. J. de la Pierre, grand Maistre de son Artillerie.

Fin du Livre premier.

Chap. XIV

De l'estat auquel est à present la Ville de Castres.

Bien que la Ville de Castres ait esté fort desertée par la mort de six mille personnes que la peste de l'an 1629 emporta, elle est à present autant populeuse qu'elle ait jamais esté.

Elle est ornée de plusieurs beaux bastimens, entre lesquels tiennent les premiers rangs ceux de Monsieur de Rozel, Advocat du Roy, et celuy de Monsieur Oulez, à present Monsieur de la Barthe.

Il y a en outre deux ponts, dont l'un, dit le vieux, est fort ancien, et pour l'autre, dit le neuf, je trouve qu'il estoit fait l'an 1484 et qu'il fut reparé l'an 1568, apres qu'une grande inondation l'eut descouvert.

Il y a de plus un tres-beau College, qui fut basty l'an 1576 en la maison que Monsieur de Luques donna, ce que tesmoigne ce distique quon y lisoit autresfois sur une pierre.

> *Ædibus his, sacram donavit pallada, Lucas,*
> *Quæ doctis cunctis, pauperibusque patent.*

Cette Ville est aussi environnée d'une muraille sur laquelle, l'an 1577, on fit un couvert sous lequel on trouve en toute saison une promenade tres-agreable, bordée de jardins de tous costez.

Mais il y a un promenoir encore plus delicieux à la place qui fut complantée d'Ormeaux par le soin de Monsieur de Bouillon au mesme lieu qu'estoit l'Abbaye S. Benoist, et ce qui rend encore ce lieu plus agreable est la riviere, sur le bord de laquelle il est situé.

En apres il y a plusieurs clochers; mais le plus beau de tous, dit de la Platé, fut abatu par la foudre l'an 1622, qui, ayant mis le feu aux munitions de guerre qui y estoient, en fit voler de tres-grands quartiers non seulement par toute la Ville, mais aussi bien loin au dehors; sous ce fracas furent trouvées douze personnes de mortes.

A la place de S. Vincent, il y en a un autre qui fut rebasty l'an 1598 sur les masures du vieux, que la foudre avoit aussi abbatu; il estoit fort ancien comme on peut juger par les ouvrages Mosaiques et autres figures qui se voyent encore sur ce qui reste de l'ancien clocher.

Outre ces deux clochers, il y en a quatre autres, à sçavoir : celuy de S. Jacques, à Ville-Goudon, celuy des Ormeaux, qui est une tour de l'ancienne Abbaye, celuy des Cordeliers (qui sont tous trois anciens), et le clocher de la Maison de Ville, qui fut basty l'an 1633, estans Consuls Maistre Antoine Devic et Pierre Condomy, Advocats; Pierre Chauderon, Notaire Royal, et Jean Boyer, aussi Notaire Royal et Greffier hereditaire du domaine du Roy au Comté de Castres.

LES

ANTIQUITEZ

ET RARETEZ DE

LA VILLE ET COMTÉ

DE CASTRES D'ALBIGEOIS

LIVRE SECOND

A MESSIEURS

MESSIEURS LES CONSULS
de la Ville de Castres.

Maistre JEAN DULIN, *Advocat en la Cour et Chambre
de l'Edit;*

Maistre ANTOINE DE NICOLAS, *Advocat en ladite Cour;*

JEAN JOUGLA, *Procureur en icelle;*

Et JACQUES BAUDECOURT, *Marchand.*

MESSIEURS,

*La Patrie a je ne sçay quels charmes et
quelles naturelles douceurs qui font qu'on
ne peut jamais l'oublier, et comme a tres-
bien dit un Poëte:*

Nescio, qua natale solum dulcedine, cunctos,
Ducit, et immemores non sinit esse sui.

C'est cette affection pour ma patrie qui

m'a porté à faire tous mes efforts pour tascher de deterrer les memoires de ses antiquitez, qui s'en alloient desja estre ensevelies par les tenebres de l'oubly. J'advouë que j'ay beaucoup entrepris, et que ce n'est pas un petit ouvrage de vouloir donner de la lumiere aux choses obscures, de la cognoissance aux incognuës, la nouveauté aux anciennes, et la vie à celles qui sont estouffées. Mais apres avoir souvent consideré que la plus part des autres Villes avoient trouvé des Escrivains pour relever leur merite, et que personne ne se presentoit qui daignast travailler pour la nostre, cette grande affection que j'ay pour elle m'a fait surmonter toutes ces difficultez, et la peine de foüiller dans un grand nombre d'Autheurs, et dans beaucoup de manuscripts, archifs, registres et actes anciens, ne m'en a peu divertir. Et si j'en eusse usé autrement, j'eusse estimé que comme ceux qui ont trahi leur patrie ont

esté vexez par des Phantosmes, qu'un per-
petuel remors de conscience m'auroit tour-
menté comme tres-coupable, puis qu'ayant
eu ces inclinations et ces cognoissances, et
luy estant obligé par la vie et le devoir, je
l'aurois trahie par mon silence. Toutes ces
reflexions (MESSIEURS) ont fait effort
dans mon ame et m'ont fait entreprendre
de donner au public non seulement le premier Livre de cet ouvrage, mais encore
d'y en adjouster ce second en vostre faveur,
duquel je vous supplie de vouloir prendre
la protection, quoy qu'il ne soit pas digne
de vous; mais recevez le, dans l'attente
d'un second volume plus curieux encore
que cestuy-cy, duquel je pretends de vous
faire bien-tost present ; j'aurois mesme
desiré d'avoir peu vous le presenter maintenant, mais le deffaut de quelques memoires qui m'y sont necessaires et de quelques planches dont je desire de l'enrichir,
comme de celle du Diocese et de celles des

armes et portraits des Comtes de Castres,
m'en ont fait differer l'impression. C'est
à vous donc (MESSIEURS) que je m'a-
dresse pour vous conjurer de vouloir pro-
teger ce traicté que j'ai composé en l'honneur de nostre commune Patrie. Les grands
soins que vous avez de sa conservation et
de sa gloire me font esperer que vous ne
luy refuserez point vostre assistance en cette
occurrence, et que vous ferez paroistre que
vous estes veritablement ses enfans. C'est
ce que desiroit de vous representer,

MESSIEURS,

Vostre tres-humble et tres-
obeissant serviteur.

Pierre Borel.

LIVRE SECOND

Des Convents et Eglises, tant anciennes que modernes, de la Ville de Castres; de leurs fondations, tombeaux et Epitaphes considerables ; le tout selon les vieux manuscrits, actes et archifs de la Ville, desdits Convents et d'ailleurs.

CHAPITRE PREMIER.

Du Monastere de Sainct Benoist.

BIEN qu'il y aye à present de somptueux edifices dans cette Ville, elle n'a peu pourtant se remetre à tel point que les bastimens qui y estoient anciennement ne surpassent de beaucoup tout ce qui si void aujourd'huy, car l'ancien Monastere de sainct Benoist (duquel nous avons fait un Chap. exprez ailleurs), qui estoit là où sont à present les Ormeaux, estoit des plus superbes de France, et orné d'une Bibliotheque si belle qu'il y avoit onze mil trois cens vingt-deux volumes, c'est à dire manuscrits, veu que c'estoit avant que l'Art de l'Imprimerie fut inventé ; elle fut bruslée par le feu l'an 1082, qui si print avec une telle violence qu'on n'en peut sauver aucun Livre.

Il y avoit en cette mesme Abbaye beaucoup de belles tours et un portal si rare en sa grandeur et en son ouvrage, qu'on le mettoit au rang des merveilles de ce pais, ny en ayant point alors de pareil en France.

Il avoit esté basty despuis l'establissement des Evesques, c'est à dire despuis l'an 1317, à la place d'un autre plus ancien sur lequel estoit cette inscription, suivant les memoires tirez du Livre des obits et autres actes authentiques par N. de Sabatier, jadis Chantre de cette Eglise, desquels j'ay tiré une bonne partie des memoires de ce Chap.

INSCRIPTION DE L'ANCIEN PORTAL DE L'EGLISE

DE S. BENOIST.

Faustinus lapsis a Mauri morte decem octo
Lustris, has sancto Benedicto dedicat Aras,
Impensisque suis tota est structura peracta,
Aptataque suis humeris de more cuculla,
Religionis amans, cellis se devovet istis,
Atque Abbas factus, mira pietate refulsit.

Par cette inscription apparoit l'antiquité de cette Abbaye, et comme elle est des premieres qui furent fondées par S. Benoist, qui fut l'an 530, et sainct Maur, dont elle parle, mourut l'an 583, ayant vescu 20 ans avec sainct Benoist qui fonda son ordre l'an 530.

Le Roy Charles le Chauve, assiegeant Tolose l'an

844, et estant logé au Monastere de S. Sernin les Tolose, print en sa protection le Monastere de S. Benoist de Castres, Adalbert en estant pour lors Abbé,
Roger Prieur, Oldin Sousprieur, et Falbert Biblio-
théquaire, avec 60 Religieux, et leur donne *plenarium
Imperium in toto districtu dicti Cœnobii, in villis,
curtibus, mansionibus, aprisionibus et cellis dicti Cœnobii, cum Cœnatico in fluvio acuti, à fonte vocato
Dydiaco, usque ad fontem de Metis, in quo incipit
cœnaticum per nos concessum fratribus Clatratis, et
concedimus Monachis S. Benedicti ut non compellan-
tur per agentes nostros, ad solutionem teloniorum, seu
Barganaticorum, nec rotaticorum, nec portativorum,
nec mutativorum, pro mercimoniis emptis in foro ab
hominibus dicti Cœnobii,* enjoignant *Mathæo, Viceco-
miti Castrensi, et Othoni Vicario* de les faire jouyr des
susdits privileges. *Actum in Monasterio S. Saturnini
prope Tolosam obsessam.* Cecy est pris de l'enqueste
faite apres l'embrasement de la Bibliotheque, qui est
signée de beaucoup de tesmoins. Par cet acte appert
que S. Sernin estoit pour lors hors de Tolose, et que
Tolose a esté augmenté du depuis et a enfermé ledit
S. Sernin dans ses murailles.

Cette maison abbatiale de S. Benoist avoit son
Eglise au mesme lieu qu'est à present l'Eglise Cathedrale, et son portal estoit aussi au mesme lieu que
celuy de ladite Eglise, et apres que le dernier Abbé,
dit Deodatus Severatus, fut fait premier Evesque, la
maison Abbatiale fut faite Episcopale, et les Moines
d'icelle furent faits Chanoines, retenans pourtant l'habit

de sainct Benoist; mais enfin, de reguliers ils furent changez en estat seculier par la Bulle de secularisation du Pape Paul III, donnée le 22 Novembre 1536, à la sollicitation de Jacques de Tournon, Evesque de Castres, et lors ils quiterent l'habit de Moines. La susdite Abbaye estoit située tout le long de la riviere d'Agoust, et tenoit depuis les ormeaux jusqu'au lieu ou sont à present les Dominiquains.

Dans ce Monastere de sainct Benoist se voyoient autrefois de tres beaux tombeaux, mais ils ont esté tous ruinez durant nos troubles; en voicy neantmoins quelques uns de considerables que j'ay recouvrez avec beaucoup de peine. Au milieu de la nef de l'Eglise estoit ensevely, avec son effigie par dessus, Beru, nepveu de Addo, Roy de Barcelone, avec cette inscription :

Hic tumulatur Princeps Beru, nepos Addonis Regis Barchinonensis, qui hortationibus fratris Helisachar Prioris Monasterii de Castris, falsam deposuit Religionem, veram suscepit, uno et eodem die Baptisatur, moritur et vivit in æternum, anno incarnati verbi octingentesimo, idib. Septembris.

Ce Roy Addo et Beru son nepveu estoient Mores, et, estans venus l'an 800 à Narbonne, ils y furent arrestez prisonniers, et de là conduits à Castres et enfermez dans la grosse tour de l'Abbaye (qui peut estre est cette tour d'Heraclius dont j'ay parlé ailleurs, ou la tour qui y reste servant de clocher à present); et Beru estant mort dans trois mois, le Roy Addo fut conduit à Charlemagne. Quand à Elisagar, dont il est parlé dans cette Epitaphe, il fut apres Abbé de Castres, et fut envoyé par Louys le Debonnaire à Barcelone avec deux Comtes, à sçavoir, Hildebrand et Donat, l'an 826, pour pacifier les troubles et tumultes de Barcelone et païs adjacent.

On voyoit aussi dans la mesme Eglise l'Epitaphe suivante, à costé gauche, derriere le grand Autel, en un sepulchre eslevé de trois pieds sur lequel estoient pour armes 3 bourdons et 3 coquilles :

Hic jacet Vuillelmus Beli...... Vicarius et unà Vice-comes pagi Castrensis, qui Populo reddidit quæ sunt Populi, Domino Comiti quæ sunt Comitis, Regi quæ sunt Regis, et Deo quæ sunt Dei. Obiit Cal. Junii anno 1167.

Par cette Epitaphe il appert que le Roy ayant eu autrefois une portion dans le Comté de Castres, à sçavoir un tiers, il tenoit un Vicomte dans Castres qui estoit aussi Viguier du Comte, c'est à dire son Seneschal, qui rendoit alors la justice au peuple.

La plus ancienne Epitaphe que j'en aye est la suivante :

Frater Jacobus de Austria, Monachus S. Benedicti et Bibliothecarius Cœnobii Castrensis, vir eximiæ pietatis, mirandæ humilitatis, stupendæ eruditionis, et altæ propaginis. anno ætatis 63, et nonis Aprilis anni 792, cœpit requiescere in pace.

Sur son tombeau estoient les armes d'Austriche.

Ce *Jacobus de Austria* avoit fait les Livres suivans :

*de Musica, l. 3; de Geometria, l. 2; de Arithmetica,
l. 2; de Historia universali mundi, l. 12; de Annalib.
S. Benedicti, l. 3; de Viribus herbarum, l. 6; de con-
junctionibus, l. 3; Comment. in lib. Regum et Epist.
Pauli, de Elementis, de ente, de nominibus divinis,
de Doctrina Judæorum, de Adventu Messiæ et de
ultimo Judicio.*

J'ay aussi appris du Livre des obits de cette Eglise
que *anno* 920, 3 *Cal. Junii, obiit Joan. Genibrosa, ha-
bitator de Castris ter factus Consul, fundavit Capellam
S. Mauri in Ecclesia sancti Benedicti, ejus frater Stephanus Genebrosa erat Prior hoc anno, et Aymericus
Guillem de Prosapia illustri des Guillems erat Abbas.*

2. *Cal. Augusti eodem anno obiit Adelays Bona uxor
potentis viri Nicolai de Galona, sepulta est in Capella
de Bona.*

Nonis Februarii anno 1001, *obiit Petrus de Manso
Præpositus lanificii de Castris.*

Idib. Maii. 1002 *obiit nobilis Rostaynus de Corne-
liano, et Nonis Maii ejusdem anni obiit nobilis Hugue-
tus de Castro viridi.*

Lors mourut aussi, *nobilis Gofridus* de Monteleone,
vir potens et strenuus, Vicarius (c. *Viguier*) *Pagi
Castrensis, sepultus fuit* 3. *Cal. Septembr. in Ecclesia
sancti Vincentii, in Capella consulum de Castris.* Il
mourut de la maladie populaire dont je parle au
'Chap. dernier du Livre 2.

De tout ce dessus, on peut apprendre les noms de
quelques Chappelles dudit Monastere, et les noms de

trois de ses anciens Abbez, à sçavoir l'an 673 : Faustinus, l'an 841 : Adalbert, et l'an 920: Aymericus de
Guillem. J'ay aussi apris du depuis que Simeon Bemba,
Italien de l'illustre Maison des Bembes, en avoit esté
sous le Pape Agathon, qui vivoit l'an 679, et qu'il est
enterré à S. Giles, où l'on void son Epitaphe en vers
Latins rimez. Nous en nommerons encore quelques-
uns cy-apres.

L'an 1030, Le Roy Robert envoya deux Moynes
pour reformer le Convent de sainct Benoist de Castres, nommez Agesil et Reinal, et ce à la sollicitation de Guillaume, qui, ayant esté Moyne dudit Convent, fut apres Abbé de Dijon, et enfin de sainct Germain.

Des freres Clathrez ou Barrez.

Quoy que j'aye parlé ailleurs des freres Clathrez ou
Barrez, et conjecturé qu'ils pouvoient estre de ces
Carmes à qui la couleur blanche de leurs habits fut
défenduë, parce qu'il n'estoit permis en Orient qu'à
ceux qui estoient de Maison Royale de la porter ; mais
ayant consideré du depuis que les Carmes ne sont en
France que depuis l'an 1220, et que les freres clathrez
estoient plustot qu'eux, j'estime maintenant qu'ils
peuvent estre les Religieux ou Chevaliers de S. Jean,
suivans la regle de S. Augustin, et qui estoient autresfois, dans Castres, dans la vieille maison de S. Benoist,
comme il a esté dit ailleurs (qui peut estre estoit l'E-
glise Nostre Dame dont nous allons parler), et qu'ils

sont les Religieux, dits Chevaliers de S. Jean d'Acre,
qui, selon Davity, furent instituez pour conduire et
penser les Pelerins qui alloient à la prise d'Acre, apres
la prise duquel lieu ils furent incorporez aux Religieux
de S. Thomas. Ils portoient une croix patée blanche
sur un habit noir.

Des Eglises de S. Vincent et Nostre Dame qui estoient jadis à Castres.

Vis à vis de la porte de l'Abbaye S. Benoist, il y
avoit une Eglise Nostre Dame pour les femmes, parce
qu'elles ne pouvoient pas entrer dans l'Abbaye selon
la regle de S. Benoist, et pres de cette Eglise Nostre
Dame estoit une troisiesme Eglise qui estoit de S. Vincent, et ainsi il y avoit trois Eglises l'une aupres de
l'autre, celle de S. Vincent y ayant esté faite apres que
sa Relique eut demeuré quelque temps par provision
dans l'Eglise de S. Benoist. Tout cecy se confirme par
les vers d'Aimon le Moine, Livre 1, *de Translat. Sancti
Vincentii*, qui sont tels :

*Namque Monasterii ante fores, Genitricis in aula
Ista sub immenso gerebantur munera Christi
Dum fieret sancto templum proprio sub honore
Quo placidus demum migraret jure sepultum,
Masculus atque simul veniens quod fœmina adiret
Interea placuit defluxa temporis urna
Inde levare sacrum corpus, dignèque locari
Post altare Pii Patris Sancti Benedicti.*

Il est à noter, touchant la Relique de S. Vincent,

que Hildebertus, Moine du Monastere d'Aquitaine
dit Conkittæ (peut estre Conques), poussé par une vi-
sion l'an 855, s'en alla avec un autre Moine, dit Audaldus (qui, selon divers Autheurs, estoit natif de Castres), vers Valence d'Espagne, et Hildebert, n'ayant
peu achever le voyage à cause de son aage, Audaldus
l'acheva, mais la Relique lui fut ostée par Senior,
Evesque de Saragousse, et estant ainsi revenu à vuide,
il fut chassé de son Convent; lors ayant eu refuge à
celuy de Castres, il y fut fort bien receu, et fut deputé
par l'Abbé vers Salomon, Comte de Sardagne, par le
moyen duquel il recouvra ladite Relique et la porta
dans Castres, comme j'ay dit ailleurs, où elle fut long-
temps dans un beau coffre d'argent, et enfin fut per-
due durant nos troubles pour la Religion. Neantmoins
les Espagnols se vantent d'estre les seuls qui ont eu
ladite Relique et l'avoir trouvée dans un promontoire
prés de Lisbone, lors qu'ils la prindrent sur les Mores,
l'an 847; cela est raporté par Damianus Goës. Mais
par ce dessus on void qu'elle estoit plutost icy. L'an
1215 l'Abbé Vuillelmus, que nous avons appellé ailleurs Guillaume, en donna une machoire au Roy
Louys VIII. *Nota* que l'an 879, Louys le Begue, estant fort malade, fit un vœu à S. Vincent qu'il fit executer la premiere année de son regne, par Frodoin,
Evesque de Barcelonne, qui porta le poids de vingt
deux livr. d'argent audit Convent, et le bailla à l'Abbé
Rigaldus (*ex familia nobilium Rigaldarum*) et à Gui-
raud, Prieur, pour l'achevement de l'Eglise de S. Vincent.

Touchant ce transport de Relique de sainct Vincent dont il a esté parlé dans ce Chap., se voyent les vers suivans dans Aymon le Moine, que j'insereray icy comme necessaires à la confirmation de cette Histoire.

Bis quadringentis, decies, quinisque volutis,
Quatuor in que super ciclis, à præsule Christo,
Virgineo semper que sacro de germine nato,
Audaldus fuerat tali de nomine notus
In Castro Monachus, communi lege probatus,
Atque sacer sancti gestans Aronis honorem.
Hic uno Comite assumpto, perpessus amara
Plura, sed in dulces convertens cuncta sapores
Institit audacter quandoque Valencia Civem
Quo se susciperet, peregrino functus agone.

Et ailleurs :

Cæsar in augusta Senioris fraude relicta
Omissis nec non aliis, ob dicere longum,
Ad Castrum bellam patris cellam Benedicti
Perveniat Christi Martyr, Levitaque sanctus
Cujus en Adventu, fuerint quæ gaudia, nullus
Ora gerens centum poterit depromere verbis.

Des Cordeliers ou Freres Mineurs.

Nous avons dit ailleurs comme ce Convent estoit hors la Ville, et en avons dit diverses choses fort remarquables. Il reste maintenant à sçavoir que la Ville de Castres receut, l'an 1227, lesdits Religieux de S. François, et qu'ils furent logez dans le Monastere de

S. Benoist par provision, et deux ans apres Raymond IV, Comte de Tolose, leur donna dequoy édifier un Convent, qui fut achevé de construire l'an 1230, au mois de Decembre. Il fut édifié au pied de Belmont, hors la ville, ayant un grand enclos de jardinages, prairies, belles fontaines, et un bastiment pour 60 Religieux.

Il est à remarquer, touchant ce Convent, que l'an 1356, Jean, Roy de France, ayant esté fait prisonnier par les Anglois en la journée de Poictiers, le 19 Septembre, et mis à la rançon de trois millions d'escus d'or, toutes les Provinces ayant contribué à faire cette somme, celle de Languedoc fit paroistre son affection particuliere envers son Roy par sa liberalité extraordinaire, mais l'Ordre Ecclesiastique fut celuy qui y contribua plus, et particulierement les Cordeliers du Convent de Castres, qui firent un effort remarquable, car ils vendirent leur argenterie et bien fonds, et firent la somme de quarante mille livres, qui fut portée au Dauphin Charles par le Gardien du Convent des Cordeliers de Castres.

Le Roy estant apres delivré leur restitua cette somme et leur fit une pension de 80 livres que le Receveur du domaine du Roy leur paye tous les ans, la moitié de laquelle somme les Provinciaux de S. François ont donnée aux Religieuses de Saincte Claire de Tolose. Pour le susdit rachapt du Roy Jean, furent vendues plusieurs Metairies et pieces de terre separées, entre lesquelles estoit le pré dit *lou prat das fraires*, C. des Freres Mineurs.

Ce Convent a autresfois esté fort magnifique et riche, y ayant eu beaucoup d'argenterie et une fort belle Bibliotheque, mais il ne reste de son ancien bastiment qu'une grande Tour qui sert de Clocher à present. Plusieurs grands Seigneurs y estoient enterrez, comme j'ay rapporté ailleurs (mesme Jacques de Bourbon, Comte de Castres, avoit ordonné d'y estre mis), mais toutes leurs Epitaphes sont perduës, comme celles des autres anciens Convents de Castres, ayans esté destruites l'an 1563 et 67, du temps de nos guerres Civiles.

Nonobstant toutes lesquelles ruynes, j'ay recouvré par mes grandes recherches une tres-belle Epitaphe, en langage ancien, d'une Dame appellée Armoise de Lautrec, intime amie d'Isabeau de Paris, sœur de S. Louys, qui luy fit construire un superbe tombeau dans l'Eglise de S. François dés quelle fut morte, s'estant recluse à Saix, prés de Castres. Son Epitaphe est telle :

Armoise de Lautrec Recluse
Da Saix dans cy Caveau ot cluse
Veuillant le Paradis aquerre
A tots bobans fot aspre guerre,
Isabel de Paris, clamée
Sui qui plore ma bien amée,
Li Monument envolter fis
O de par Diex à tos vos dis
Que disiez ly De Profundis.
L'an mil deux cens quarante et dix
Armoise absconsa faits et dits,
Diex vueil enberguer li delits
Et partier li Paradis.

Et plus bas on lisoit ces paroles en Latin :

Isabella illustrissima soror Ludovici Francorum Regis suis impensis hoc fecit Monumentum, in pignus amoris erga Armoisem de Lautrec, anno Domini 1252.

Par cette Epitaphe on peut apprendre comme les fils et filles des Roys, au lieu qu'on les appelle à present Isabeau de France, etc., s'appelloient Isabeau de Paris, Jean de Paris, etc.

Par la mesme Epitaphe se descouvre l'erreur de ceux qui croyent que Saisse, Fondateur de la Chartreuse de Saix, ait donné nom au lieu de Saix, veu que Saisse fut long-temps apres cette datte.

Quand aux Epitaphes modernes, on n'en void aux Cordeliers qu'une de considerable, à sçavoir celle de Madame la Comtesse de Bioule ; elle est dans une Chapelle qu'elle a faite bastir, et est telle :

EPITAPHE DE MADAME MARIE DE VOISINS,

Femme de Messire Antoine de Cardaillac, comte de Bioule.

Dans cette place reposent les os de Dame Marie de Voisins, fille unique de Messire Louys de Voisins, Seigneur d'Ambres, laquelle en l'aage de 18. ans, ayant esté mariée avec Messire Antoine de Cardaillac, Comte de Bioule, deux ans apres mourut, le 19 Juillet 1612.

Passant, arreste un peu tes pas et ta pensée,
Aprens que la vertu par ce monde est passée,
Logeant dedans une ame, et cette ame en un corps.
Le corps, l'ame et vertu, tous joins font une femme.
La vertu l'ame a pris, le corps est pris des morts,
Sous ce marbre est le corps, et dans le Ciel ceste ame.

Ses armes y sont en bosse, portant escartelé, au 1 et 4 un Lyon rampant, au 2 une Croix clechée, et au 3 des chevrons brisez.

Touchant ce Convent est aussi à noter que l'an 1367 Frere François Icher, ayant presché à sainct Benoist, blasma l'Evesque Estienne en son absence de ce qu'il ne reprimoit les desreglemens de quelques Prestres, dequoy l'Evesque estant adverty à son retour, excommunia ledit Icher et commanda aux Cordeliers de tenir leur Eglise fermée, à quoy ils obéirent, dequoy le peuple s'estant mutiné, il leur redonna la licence de l'ouvrir, moyennant que ledit Icher s'en allast, ce qu'il fit, et fit vuider apres son appel à son advantage et celuy du Convent devant le Primat de Bourges. J'ay voulu noter ceci parce qu'il s'accorde avec ce que j'ay dit ailleurs du mesme Evesque, auquel l'Archevesque escrivoit touchant une heresie des Prestres de Castres.

Des Trinitaires.

Apres ce Convent vient celuy de la Trinité, qui, l'an 1250, estoit hors la porte de l'Albinque, et puis, l'an 1369, fut mis au lieu où il est maintenant (à sçavoir prés du College) par un Abbé de S. Victor de Marseille.

Des Religieux de Sainct Dominique.

Quand aux Religieux de S. Dominique, dits Freres Prescheurs, j'en ay parlé ailleurs, et dit comme S. Dominique receut en don l'Eglise de sainct Vincent l'an 1220 ou environ. Mais neantmoins son Ordre ne fut estably en Ville que l'an 1258, en laquelle année (suivant l'acte de donation qu'ils ont encore) l'Abbé Guillaume leur donna, à la priere de Philippe de Montfort le jeune, l'Eglise de S. Vincent, scituée *infra villam de Castris*, avec toutes ses rentes (d'où il appert que ladite Eglise n'estoit pas alors dans Castres) et que Pierre Petit, Dominiquain, receut ledit don, qui fut apres confirmé par Bernard de Combrete, Evesque d'Alby (car Castres n'estoit encore erigé en Evesché), à Guillaume Raymond, de l'Ordre desdits Predicateurs, du temps que les Albigeois estoient en ces quartiers.

Quand aux tombeaux considerables qui estoient dans leur Eglise, je trouve par le testament d'Eleonor de Montfort qu'elle leur fait beaucoup de Legats considerables pour les anniversaires de sa mere et de Simon de Montfort, son frere, et pour estre enterrée dans ladite Eglise sous un tombeau de marbre, enjoignant qu'on mette auprés d'elle son fils, le Comte de Vendosme, et donne en particulier 20 livres pour faire une lampe d'argent du poids de deux marcs, et en fonder un revenu pour la tenir garnie d'huile. (*Nota* comme avec peu d'argent on faisoit alors beaucoup de choses.) Ce testament se fit l'an 1338, dans la maison dite de Roquecourbe, où elle se tenoit.

Et par le testament de Jean, Comte de Vendosme, fait l'an 1362, est ordonné que s'il meurt en Languedoc il soit enterré dans Castres, au Chœur de l'Eglise de sainct Vincens, devant l'Autel, aupres de sa mere, qui est à droite, et, s'il meurt ailleurs, ordonne d'estre porté à Vendosme et mis dans l'Eglise de sainct George, prez du tombeau de son pere, et que son cœur soit porté dans son tombeau de Castres, ce qui fut fait sans doute, car il fut enterré à Vendosme, comme on void par l'Epitaphe que j'en ay donnée.

Par un autre testament de l'an 1460, retenu dans le Chasteau Episcopal de la Case, dans la Chambre dite des Abbats, Marie de Bourbon, fille de Jacques, Dame de Crimal, Viane, Montcocu, etc., accueillie de maladie, fait son heritiere Eleonor de Bourbon, Comtesse de Castres, et luy substituë Jacques et Jean d'Armagnacs. Elle fait aussi divers legats au susdit Convent.

Cette maison de la Case estoit prez de Castres, sur le bord de l'Agout, du costé de Villegoudon, mais on y alloit aussi du costé de Castres par la porte del Trauc, prez du Palais, qui menoit par un beau chemin à un pont qui estoit sur ladite riviere. De cette maison ne restent que quelques masures. C'estoient jadis les prisons de l'Evesque de Castres.

Noble Raymond de Saisse et Centulie de Bretes sa femme, fondateurs de la Chartreuse de Saix, furent enterrez dans leur Chapelle de sainct Jean et sainct Louys dans l'Eglise de S. Vincens, l'an 1351. *Nobilis et potens vir Antonius de Tolosa et de Lautrico, miles et Vicecomes de Lautrico, Dominus et Baro, Baroniarum de Brugueria et de Montefano (C. de Montfa) et nobilis seguina de Bar ejus uxor, domina de Bru-*

gueria et de Montefano, anno 1535, *erga Ecclesiam Conventualem S. Vincentii de Castris, ordinis beati Dominici,* ordonnent d'estre enterrez *in Capella B. Mariæ, quam predecessores dicti nobilis de Tolosa ædificare fecerunt,* et leur donne beaucoup de possessions. *Nota* que l'an 1303, Bernard Guido, illustre Escrivain, estoit Prieur de sainct Vincent, alors Alzias estoit Abbé de sainct Benoist, et ce Guido fut apres Evesque de Lodeve. Ils avoient aussi le corps d'un certain Raymond Pastorelli, qui leur fit de tres-grands legats, comme aussi celuy de Jean (pere et fils) de Burlats, sieurs de Gais.

De l'Eglise Cathedrale de S. Benoist.

L'ABBAYE de sainct Benoist fut reduite en Evesché l'an 1317, comme j'ay dit ailleurs. Je n'ay peu trouver de toutes les vieilles Epitaphes que celle de l'Evesque Estienne, que j'ay donnée ailleurs, et ce fragment en grosse lettre gotique..... *Et Domini Adhemari de Navario.....*

J'ay du depuis trouvé, dans les archifs du Chapitre, que Ademar de Navas estoit leur Sacristain l'an 1472.

Quand aux Epitaphes modernes et inscriptions, je les ay données dans le Chap. des Evesques, où j'ay rapportée celle de feu Jean de Fossé, Evesque de Castres, etc.

*De la Chartreuse de Saix, dite de N. Dame de Beau-
voir ou Belvesé, et en latin* Belli visus.

Là belle et riche Chartreuse de N. Dame de Beauvoir lez Castres fut fondée l'an 1361, par Noble
Raymond de Saisse, qui les fit heritiers à cet effet,
comme aussi sa femme Centulia de Bretis, qui mourut peu de temps apres. J'ay marqué cy-devant le
lieu ou ils gisent, et donneray cy-apres leur genealogie.

Cette Chartreuse, estant enrichie de divers herita-
ges, receut encore, l'an 1424, la Chartreuse de Loupatiere (qui luy fut incorporée), que Pierre de Rochefort, Evesque de Carcassonne, avoit fondée l'an 1321,
dans le bois de Loupatiere, près de Carcassonne;
apres quoy la Chartreuse de Saix a produit celle de
Tolose, comme le fait doctement voir Dom Amable
Chatard, Scindic de celle de Castres, dans le docte
manuscrit Latin qu'il en a composé pour l'utilité d'i-
celle. On n'y void à present aucuns sepulchres, fors un
fragment de celuy de Noble Jean de Guonion, Escuyer, Gouverneur du Chasteau de Minerve et General des Monnoyes de Languedoc l'an 1464, et de sa
femme, qui mourut peu de temps apres. Ils furent
enterrez au pied du degré du grand Autel, et sur le
tombeau est la figure d'un Soldat ou Escuyer.

L'an 1455, suivant leur necrologue, Damoiselle Catherine de Louys, Conseigneuresse d'Escoussens, et

peu apres Helie de Bris, son fils, y furent enterrez et mis dans la Chappelle de Saincte Cecile, qu'ils avoient faite construire. Tous ces susdits donnerent leurs biens à cette Chartreuse. Elle fut démolie pendant nos troubles.

Des Religieuses de Saincte Claire de Villegoudon.

Ce Convent fut reformé l'an 1434 par S. Collete, qui y resida quelque temps, et fut fondé par Bernard d'Armagnac, Comte de Castres, qui eut une fille appellée Bonne qui s'y rendit Religieuse, et puis mourut en celuy de Lesignan, où elle gist.

L'an 1566, que la riviere d'Agoust passa sur le Pont, elles furent tirées de leur Convent par l'eau, et l'an 1562 par les troubles pour la Religion.

Dans leur Convent y avoit une belle fontaine, qui est à present hors la Ville, et est encore appellée *la fon de las menouretes,* C. des Religieuses de l'Ordre des Freres mineurs.

Des Capucins.

Quand aux Capucins, ils vindrent seulement l'an 1630, au mois de Mars, et furent logez à la maison de Monsieur de Latrinque, à la ruë de Bertrac, joignant la maison de Ville, où ils sont à present.

Des Religieuses de Saincte Claire de Castres.

Le dernier venu de tous les Ordres Religieux est celuy des Religieuses de Saincte Claire, qui furent mises l'an 1632 à la Tolosane, et apres aux ormeaux, prés de la muraille de la Ville, où elles sont à present. Les Religieuses d'Orliac leur font pension. On les appelle Urbanistes, parce qu'un pape Urbain mitigea leur regle.

De l'Eglise de S. Hyllaire, au lieu de Fregeuille, prés de Castres.

Je n'avois rien à dire de cette Eglise, mais m'ayant esté communiqué le tombeau suivant, qui s'y voyoit jadis, je ne l'ay pas voulu obmettre :

Presbiter Albertus, tumulo concludier isto
Elegit, spernens titulatos sæculi honores,
Ut queat abscondi, voluit sine stemmate condi,
Nobilitate potens, talis fastidit haberi,
Ut patefacta tamen sit virtus tanta trahatque
Exemplo hoc patruo, mœstus posuit Monumentum
Manfredus, Clara Albertorum stirpe creatus.

Et plus bas :

Funere completo et tumulari carmine sculpto,
Opprimitur Cæco morbo Manfredus, et unà
Hic jacet, ó quicumque hac transis, siste parumper,
Proque utroque ora, dicendo mente pia ter

Pater noster.

Joannes Albertus filius Manfredi, Dominus de Roquay-rolis prope Senegatium, lugens hoc posui anno 1426.

Chap. II.

Noms de tous ceux qui ont esté Ministres dans Castres.

Puis que j'ay rapporté ez Chap. precedents les noms de tous les Evesques et Abbez de Castres, et que j'ay parlé de tous les Convents, la raison semble demander que je nomme aussi ceux qui en ont esté Ministres.

Le premier fut N. de Manna Bosque, apres lequel en ont esté les suivans : Mr. Jean de Bosque, l'an 1542; Mr. de Mapais, l'an 1543; les sieurs Raphael Segueur et Jacques de Lernan, l'an 1545; les sieurs Marquet, Hierosme et Saverme, l'an 1546; Mr. Barthe, l'an 1547; Mr. Albus, l'an 1549; les sieurs Martiny et de Bosque le jeune, l'an 1551; les sieurs Geoffre Brun et de la Valée, l'an 1559; les sieurs de Lostau, Pierre Barthe et Fleury de la Rivoire, l'an 1561; Mr. Jean Bosque, l'an 1567; Mr. Marsan, l'an 1574; Mr. Salvart, l'an 1582; Mr. Gaspar Olaxe, Espagnol, qui causa de grands tumultes dans cette Ville, preschant une doctrine qui n'estoit pas orthodoxe, l'an 1592; Lambert Daneau, personnage fort sçavant, comme sa renommée et ses escrits en font foy, l'an 1593, il mourut l'an 1595; Mr. Benoist Balaran, l'an 1593; Mr. de Rotan, l'an 1596, il mourut l'an 1598;

Mr. Jean Josion, l'an 1598; apres vindrent Mr. Philippe Dupin; M. Josias Daneau, fils du susdit Lambert, mort l'an 1644; Mr. Paul Charles le vieux, premierement Professeur en Philosophie en Bearn, et apres en Theol. à Montauban, mort l'an 1649; Mr. Jean Verdier, jadis aussi Professeur en Philosophie à Montauban, et qui s'est retiré la presente année pour estre Professeur en Theologie audit Montauban.

Ceux qui en sont à present sont les suivants :

Monsieur Pierre Savois, qui en est depuis long-temps; Mr. Raymond Gaches, et Mr. Louys de Jaussaud, fils de Mr. Maistre Louys de Jaussaud, Conseiller du Roy en la Chambre de l'Edit de Castres.

Pour faire la fin de ce Chapitre, il ne sera pas hors de propos de desabuser ceux qui pourroient croire ce que quelques-uns avoient raconté au sieur de Lancre, lors qu'il dit qu'on ferme les boutiques le Mecredy matin dans Castres pour celebrer la feste de Calvin, à quoy je respons sans aucune animosité que cette feste ne se celebre ny à Castres, ny en autre lieu du monde; mais qu'on ferme les bouticques les Mecredys icy, et ailleurs les Jeudys, pour aller aux Predications qui se font ces jours-la, comme estans le milieu de la sepmaine aussi bien l'un que l'autre. J'entrerois plus avant dans ce discours et ferois voir par beaucoup de raisons que c'est une fable; mais sçachant bien que presque personne n'est de l'advis du Sieur de l'Ancre, je m'en deporteray pour le present.

De la Chambre de l'Edict seante à Castres.

LE merite de la Ville de Castres obligea nos Roys à l'orner d'une Chambre my-partie, qu'ils y ont tousjours voulu continuer, nonobstant les importunitez de plusieurs autres Villes qui la desiroient et la desirent encore. Elle fut premierement à l'Isle, l'an 1579, et les Officiers qui la composoient sont les suivans. Je ne mets point les Officiers Catholiques, parce qu'ils changent tous les ans.

Messire N. de Clausone, President.

Les Conseillers estoient : Mr. Me. Antoine Beranger, Sr. d'Arbieu; Mr. Me. N. d'Aures; Mr. Me. Jacques des Vignolles; Mr. Me. Richard d'Escorbiac; Mr. Me. N. de Banides; Mr. Me. Estienne de Molinier, Sr. de Tourene; Mr. Me. N. de Favier; Mr. Me. Jean de la Mer.

L'advocat du Roy estoit Mr. Me. N. Bonencontre.

La Chambre fut apres tirée de l'Isle, mais elle y fut remise l'an 1581, et de là elle fut transferée à Castres, l'an 1595, du mandement d'Henry IV. Elle print l'Hospital de Castres pour faire le Palais, prés de la porte del Trauc; ses officiers furent les suivants :

Messire Philippe du Fresne Canaye, President.

Les Conseillers estoient : Mr. Me. Antoine Beranger, Sieur d'Arbieu ; Mr. Me. Richard d'Escorbiac ; Mr. Me. Jean de la Mer ; Mr. Me. Jacques des Vignolles ; Mr. Me. Guy d'Arebaudouse, Baron d'Anduze ; Mr. Me. François de Rosel ; Mr. Me. Paul de Juges ; Mr. Me. Paul Courrech, et Mr. Me N. Boucaud, Advocat General.

L'an 1599, estoit President Messire Jacques des Vignolles, qui mourut l'an 1626, le 28 octobre.

Et les Conseillers estoient les suivants :

Mr. Me. Guichard d'Escorbiac, qui mourut l'an 1606 ; Mr. Me. Paul de Juges, qui mourut l'an 1626, en Janvier ; Mr. Me. Abel du Suc, qui avoit esté Advocat du Roy ; Mr. Me. Samuël de Bonencontre ; Mr. Me. Salomon de Faure ; Mr. Me. Jean de Lacger, qui mourut le 4 Juin 1624 ; Mr. Me. Guillaume de Ranchin, qui mourut l'an 1605 et le 30 Juillet ; Mr. Me. Jacques de Cavaignes, et Mr. Me. N. de Boucaud, Advocat General.

En apres vindrent : Messire Abel du Suc, President ; Mr. Me. Pierre de Pelisson, Conseiller ; Mr. Me. Jean Jacques de Pelisson, Conseiller, et Mr. Me. François de Rosel, Advocat General.

La susdite Chambre à souvent changé de demeure, tant à cause de la contagion que pour autres sujets. Car l'an 1623 elle fut à Besiers, et revint à Castres l'an 1630. Puis fut à Revel et à S. Fœlix l'an 1632, et de là revint à Castres, d'où elle n'a plus bougé du depuis.

Les Officiers qui y sont à present sont les suivans, outre Mr. Me. Jean de Charron, Conseiller l'an 1641, qui se retira pour estre President à Bourdeaux :

Messire Gaspar des Vignolles, President;

Mr. Me. Salomon de Faure, Conseiller; Mr. Me. Louys de Jaussaud; Mr. Me. Jacques de Ranchin; Mr. Me. Paul de Juges, Baron de Fregeville, Seigneur du Bez, etc.; Mr. Me. Hercules de Lacger, Seigneur de Massuguiez; Mr. Me. Samuël d'Escorbiac; Mr. Me. Claude de Faure, Baron de Montpaon, etc., qui occupe l'Office de son pere en survivance; Mr. Me. Louys de Montclam, Sr. de Candiac; Mr. Me. Thomas d'Escorbiac, qui a l'Office de son pere en survivance; Mr. Me. Pierre de Carlot, Sr. de Cesterols; Mr. Me. Pierre de Julien; Mr. Me. Claude de Jaussaud, qui a l'Office de son pere en survivance : Mr. Me. Isaac de Brugeres; Mr. Me. Jacques de Ranchin, qui occupe aussi l'Office de son pere en survivance; Mr. Me. Pierre de Rosel, Advocat du Roy.

A ceste Liste y a plus d'Officiers qu'aux precedentes, parce que la Chambre a esté depuis accreuë de deux Conseillers.

Cʜᴀᴘ. IV.

*De la Noblesse de Castres et de ses Seneschaux, Juges
ordinaires et Juges d'Appeaux.*

Lᴀ Ville de Castres est aussi beaucoup considerable
pour la grande quantité de noblesse qui fait sa demeure dedans son terroir, comme on peut voir par le
Catalogue suivant, dont je rangeray les principaux
par ordre alphabetique, pour n'estre assez informé du
rang que ces Seigneurs doivent tenir.

Messire François Jacques d'Amboise, Comte d'Aubijous, le seul masle restant de l'illustre maison
d'Amboise.

Messire N. de Voisins, Marquis d'Ambres.

Messire Louys de Bourbon, Marquis de Malause et
de la Case, Vicomte de Levedan, etc., duquel je bailleray ci-apres la gencalogie.

Messire Louys de Cardaillac, Lieutenant du Roy au
haut Languedoc, Comte de Bioule, Baron de Montredon, Seigneur de Gais, Seneschal de Castres, etc.,
descendu d'Antoine de Bioule, qui mourut en combattant vaillamment au siege de Perpignan, sous
François I, l'an 1541. Je bailleray sa genealogie cy-apres.

Messire Nicolas de Genibrouse, Seigneur de S. Amans, Ledeïgues, etc., et Vicomte de Boisseson.

Messire N. de Gouvernet, Vicomte de Paulin, marquis de Mures.

Messire Guy Aldonce, de Guillen, de Castelnau, Clermont, Carmaing et Foix, Marquis de Saissac, Comte de Clermont, de Loudeve, Baron de Venez, etc.

Outre les susdits, nous avons à nos environs les Vicomtes du Pujol, d'Embialet et de Montfa, qui est de la maison de Lautrec et duquel je donneray la genealogie cy-apres.

Les Barons de Ferrieres, d'Auterrive, de Senegats, de Caucalieres, d'Aupoul, de Serviez, du Contrast, etc.

On doit aussi beaucoup considerer les maisons suivantes comme Illustres et anciennes; mais je n'observe point d'ordre à les ranger icy, ne sçachant les rangs qui leur sont deus.

Monsieur le Baron de Verdale, de la maison duquel est sorty un grand maistre de Malthe, Chevalier de l'Ordre et Cardinal.

Monsieur de S. Germier, de la maison de Tolose et de Lautrec, descenduë de celle du Comte Raymond, comme je feray voir cy-apres par sa genealogie.

Monsieur Maistre N. de Thomas, Conseiller du Roy en la Cour des Comtes, Aydes et Finances de Montpelier, Baron de Carves, Seigneur de Roquecourbe, etc.

Noble Jean de Noël, Sr. de Massaguel, de la maison

duquel est sorty un Chevalier de l'Ordre, Sr. de la Crousette, Gouverneur de Castres et Lieutenant de la compagnie du Duc de Montmorency.

Noble marquis de Gep, Seigneur de Sauvian, Lesert, la Crousete, Galibran, etc., qui, pour sa capacité et merite, fut deputé l'an 1641, de la part de Mr. de la Mothe et de la principauté de Catalogne, pour porter au Roy le pacquet de leur nouveau don à sa Majesté.

La maison de Bouffard doit aussi estre mise parmy les illustres de cette Ville, tant pour les services qu'elle en a receu en la personne de Dominique et Jean de Bouffard, sieurs de la Grange, et de la Garrigue freres, comme nous avons fait voir ailleurs, que par le merite particulier des sieurs de Madiane et de la Garrigue, qui en sont descendus et qui continuent tousjours à luy rendre leurs services. Le susdit sieur de la Grange estoit homme fort sçavant et avoit tresheureusement marié les armes avec les lettres, car, outre qu'il avoit connoissance de l'Astrologie, langues diverses, etc., il avoit soustenu le siege de Sancerre et prins la Ville de Castres sur les Corses et Albanois.

Monsieur le Baron de la Nogarede; Monsieur de Milsegle Marguarides, de la maison de Bone; Mr. de la Mothe d'Aures, qui est de maison fort ancienne; Mr. d'Escroux, de la maison de Beyne; Mr. Urbe de Noir, sieur de Cambon.

Parmy ce denombrement de Noblesse, j'ay meslé quelques Gentils-hommes qui ne sont pas dans le Comté de Castres; mais parce qu'ils se tiennent fort prez de cette Ville, je les ay considerez comme du lieu.

Des Seneschaux de Castres.

Apres avoir raporté les noms des Comtes de Castres, des Officiers de la Chambre, et de la Noblesse de ce pays, il ne sera pas hors de propos de raporter les noms de quelques Seneschaux de cette Ville.

L'an 1252, Guillaume de la Palu estoit Seneschal de Philippe de Montfort.

L'an 1307 et 1309, Noble Pierre Raymond de Ru-pistano ou de Rabastens estoit Chevalier et Seneschal d'Eleonor de Montfort; Guillaume de Piano, Chevalier et Seneschal d'Eleonor de Montfort, Comtesse de Castres.

L'an 1312, Eymon de Roguengade.

L'an 1338, Guillaume Speirat.

L'an 1368, Jean de Beyne, Seigneur Descroux, qui, dans les vieilles actes, se qualifie tousjours *gubernator fortalitiorum Domini Comitis Castrensis,* et auquel le Comte Bouchard de Vendosme fit don, l'an 1368, dans son Chasteau de Roquecourbe, de tous les droits Seigneuriaux qu'il avoit au lieu de Viane, et ce pour les agreables services qu'il dit avoir receus et recevoir tous les jours de luy, qui avoit souvent hazardé sa vie pour la conservation de la sienne. Cet acte fut retenu par Vitalis Sabateri, Notaire et Clerc de la Tresorerie du Comté de Castres.

L'an 1377, Bernard de Durfort, Escuyer et Seneschal du Comte de Castres.

L'an 1409, Noble Robert d'Escroux, Escuyer.

L'an 1413, Messire Arrias de Saugnac, Seigneur de Padiez et d'Ampiat, estoit Seneschal de Jacques de Bourbon.

L'an 1428, Brenguié Galan.

L'an 1450, Messire Henry de Pompignac.

L'an 1566, Jean de la Palu.

L'an 1567, Nob. Pierre du Maine, Sei. du Bourg., beau pere de Guil. de Guillot, qui luy succeda.

L'an 1582, Noble Michel de Bayard, beau fils de Guillaume de Guillot, Seigneur de Ferrieres.

L'an 1594, Pierre de Bayard, son fils, Seigneur de Ferrieres, son pere s'en estant despoüillé.

L'an 1599, Jacques de Tolose et de Lautrec, qui succeda au precedent et mourut l'an 1616.

Apres en fut Jean de Perrin, Seigneur de la Bessiere, et puis Marquis de Tolose et de Lautrec, Seigneur de S. Germier, fils du susdit Jacques.

Et l'an 1638, en fut pourveu apres luy Messire Louys de Cardaillac, Lieutenant pour le Roy au bas Languedoc, Comte de Bioule, Seigneur de Gais, etc., qui en jouit à present.

Des Juges ordinaires de Castres.

Il y a aussi à Castres une ancienne Cour Royale de laquelle je trouve que les suivans ont esté Juges, n'en ayant peu recouvrer davantage :

L'an 1307, Guillaume Vency estoit Juge de la terre et Cour d'Eleonor de Montfort et du Comte de Commenge, qui avoit un quint au Comté de Castres et y tenoit un Regent nommé Jean Valestre.

Guillaume de Lotis estoit Juge ordinaire l'an 1311, et Bernard Saisse l'an 1312.

L'an 1346, Bernard de Calvomonte ou de Caumont estoit Juge de Castres, selon un acte passé entre Bouchard, Comte de Castres, et les habitans de la Caune, *in hospitio turris Cauderiæ de Castris ipsius Domini Comitis.* Par lequel acte appert que le Comte logeoit à la Tourcaudiere, et par un autre acte que j'ay veu il appert aussi qu'il contenoit ses archifs, prisonniers et Cour des Ordinaires.

L'an 1365, *Pet. Isarni* estoit Juge; l'an 1368, Alric Mejanel et Barthelemy de Albarupe estoit Juge de Castres, sous le Comte Jacques d'Armagnac; l'an 1377, N. Maravel; l'an 1380, Jean la Manhaja.

L'an 1401, B. de Roustagny; l'an 1438, *Pet. Lemosini.*

L'an 1409, *N. de S. Martino.*

L'an 1519, Jean de la Roche, sieur de la Trinque, et apres, Charles de la Roche, sieur de la Trinque.

L'an 1575, Antoine de Lacger, mort l'an 1591.

Mr. Me. Jean de Lacger luy succeda, qui, estant apres Conseiller en la Cour, ceda sa charge à Mr. Me. Pierre de Lacger, qui dés long-temps exerce tres-honorablement ceste charge, et à laquelle sa probité et capacité ne donnent pas peu de lustre.

Son Lieutenant est Monsieur Maistre Jean le Roy, successeur des Sieurs de Lescout et Melon.

Des Juges d'Appeaux.

L'Office des Juges d'Appeaux estant aussi ancien, j'insereray icy les noms de ceux que je trouve l'avoir exercé. L'an 1311, Raymond Gavaudan estoit Juge d'Appeaux.

L'an 1379, Pierre Boyer.

L'an 1412, Guillaume Galaupt.

L'an 1450, Bernard de S. Martin.

L'an 1531, Pierre Vilar, apres lequel fut Guy de Lacger, et apres cettuy-cy Antoine de Lacger, qui apres fut Juge ordinaire.

Abel de Rotolp, Sieur de Farguettes.

L'an 1598, Maistre Jean de l'Espinasse.

L'an 1623, Mr. Me. Jean d'Alary, qui en jouit à present.

CHAP. V.

Les Genealogies de 8 illustres maisons dont il a esté parlé au Chapitre precedent, à sçavoir : de Malause, de Bioule, de Monfa et S. Germier, de Bayard, de Noël, Sei. de la Crousete, de Saisse, de Bretes et Bouffard.

Ayant en main 8 curieuses Genealogies de 8 anciennes et fort considerables maisons de ce pais, j'eusse creu leur faire tort, et à la curiosité publique, si je ne les eusse mises dans cet ouvrage.

1. *Genealogie, à sçavoir, de la tres-noble et ancienne maison de Messire Louys de Bourbon, Marquis de Malause, Vicomte de Levedan, Seigneur de la Case, etc.*

Charles, premier du nom, Duc de Bourbon.

Jean, 2. Duc de Bourbon.	Louys de Bourbon, Evesque de Liege.	Louys, Bastard de Bourbon, Comte de Roussillon.
Charles, Bastar de Bourbon, Vicomte de Levedan.	Pierre, Bastard de Bourbon, Baron de Buffet.	Charles de Bourbon, Comte de Roussillon.

1

Hector de Bourbon, Vicomte de Levedan.

Jean, Vicomte de Levedan.

Anne, Vicomte de Levedan
Jean Jacques, Vicomte de Levedan.

Henry 1, Vicomte de Levedan.
Henry 2, Marquis de Malause.

I

Louys de Bourbon, Vicomte de Levedan, en faveur duquel Lacase a esté depuis peu érigé en Comté.

Charlote de Querveno sa femme.

Henry 3.   Magdeleine.   Henriete.

2. *Genealogie, à sçavoir, de l'illustre et ancienne maison de Louys de Cardaillac, Comte de Bioule, Seigneur de Gays, Montredon, etc., et Lieutenant pour le Roy au bas Languedoc.*

Hugues premier de Cardaillac, 1200.

Bertrand 2 de Card., Seig. de Bioule et la Capelle, 1212, 1238.

Hugues de Cardaillac, sieur de Bioule et la Capelle, 1235, 1250. Soubirane de la Roche, et Raymond de Turene.

Guill. de Cardaill., Evesq de Cahors, 1209, mort 1224.

Bertrand de Cardaillac 2. sieur de Bioule et la Capelle, 1266. Almodis de Perigord sa femme.

Bertrand de Card. 3. sieur de Bioule. Comtor de Turene, sa premiere fem. separée pour leur parenté, 1280.
Alix de Peyre 2. f.

Geraud de Cardaillac, premier Sr. de la Capelle, l'an 1292.

Bertrand de Card. 4. sieur de Bioule, l'an mil deux cens nonante neuf.
Armengarde de Lautrec.

Gerard de Card. second, Sr. de la Capelle Marival, mil deux cens 94.

Jean de Card., Arch. de Tolose, Patriarche d'Alexandrie, qui fit l'an 1387, à ses despens, la cloche de Cardaillac à Tolose.

Hugues de Cardaillac, second Sr. de Bioule. Isabeau de Vic, mil trois cens 19.

Bertrand de Cardaillac, premier sieur de la Capelle, mil trois cens douze.

	Bertrand de Card. 4, sieur de Bioule, l'an mil trois cens trente deux, et 1395. Cecile de Lusech.	Bertrand de Card., second sieur de la Capelle, 1339. Dauphine de Montal,
Bertrand de Card., Baron de S. Cirq. mil quatre cens vingt un, Souveraine d'Ebrard S. Supplice.	Hugues de Card. 2, sieur de Bioule, 1405. Marg. de Monbrun.	Bertrand de Card. troisiesme sieur de là Capelle.
Jean de Card., Baron de S Cirq., 1458. Mascarouse de Rabastens.	Antoine 1 de Card., Seig. de Bioule. 1461. Jeanne Guerin.	Bertr. 4 de Card., Seig. de la Cappelle, 1367. Daufine d'Aurillac.
Raymond de Card., Seigneur de S. Cirq., mort l'an 1491 Isabeau de Rouillac, 1476.	Guillaume de Card., Seig. de Bioule, 1501. Jeanne de Caussade.	Guill. de Card., Seig. de la Cappelle, 1378. Mathée de Cornac.
Jacques de Cardaillac, Baron de S. Cirq., Jeanne de Peyre, 150,.	Pier. de Card., Seig. de Bioule, 1521. Marg. de Card., fille de Raym. de Card, Seig de S. Cirq.	Guibert de Card., Seig. de la Cappelle, 1440. Bertrande Rob. de Lignerac.
Antoine de Card., Baron de S. Cirq., 1560. Marguerite de Caumont.	Antoine 2 de Card., Seign. de Bioule, mort l'an 1542. Claude de Caumont.	Astorc de Card., Seig. de la Cappelle, 1477. Catherine de Gimel.
Antoine de Card., Baron de S. Cirq, 1599.	Hector de Card., Sei. de Bioule, mort l'an 1598.	Gilib. de Card., Seig. de la Cappelle, 1524.
Anne de Bourassier.	Marg. de Levis, qui eut quatre fils, à sç.	Jeanne d'Arfeuil.
Geofroi de Card., Baron de S. Cirq. Margu. de	Ant. de Card. en faveur duquel Bioule fut érigé en Comté; il mourut l'an 1622 dans Beaucaire, revenant du siege de Montpellier. Marie des Voisins, sa f., morte en 1612. Messire Louys de Card. et Levy, Comte	Ant. de Card., sr. de la Capelle, 1573. Victoire

Courssan.   de Bioule, Vicomte de Lautrec, Marquis   d'A-
                   dudit Card., Baron de Villeneufve, Gaix,   quino·
                   la Bruguiere, Montredon, Pene, Seigna-
                   lens, et Castelnau de Montmirail, Con-   François
                   seiller du Roy en ses Conseils, Mareschal   2, sieur
                   de Camp en ses armées, Seneschal   de la
                   de la Ville et Comté de Castres, et Lieu-   Cap.
                   tenant general pour sa Majesté au bas   Mag. de
                   Languedoc.   Bour-
                   Lucrece d'Elbene sa 1. femme.   bon.
                   Dame Marie Isabeau de Chevrieres et de
                   S. Chaumont, sa 2. femme, fille de Mes-   Henry,
                   sire Melchior Mitte, de Chevriere et de S.   marquis
                   Chaumont.   de Card,
                   Jean Louys de Card., Sr de Monbrun.   sieur de
                   François de Card., sieur de Manse.   la Cap-
                                                              pelle.

                                        Elisade Pluvinel, sa f.
                                        François de Cardaillac, Baron
                                        de S. Sernin.
                                        Victoire de Card., comtesse
                                        d'Arcos en Portugal.

Outre les belles charges qui ont esté possedées par
la maison de Cardaillac, il y a eu un de ceste famille
qui a esté grand Maistre des Arbalestriers, qui estoit
une charge ancienne avant l'invention des armes à
feu, respondant à present à celle de grand Maistre de
l'Artillerie.

3. *Genealogie, à sçavoir, de la maison ancienne de Tolose
et de Lautrec, d'où est descenduë la maison
de Montfa et de S. Germier, verifiée par actes
et par un manuscrit qui est au Convent
des Jacobins de Tolose.*

Raymond 3, comte de Tolose.
Constance, fille du Roy Louys le Gros.

Taillefer, Vicomte de Bruniquel et de Montcla.

Raymond 4, comte de Tolose.
Jeanne d'Angleterre.

Baudoüin, Vicomte de Lautrec.

Raymond cinquiesme.
Jeanne, fille d'Alphonse, comte de Poictiers.

Pierre, Vicomte de Lautrec.

Bertrand, Vicomte de Lautrec, par moitié.

Sicard, Vicomte de Lautrec par moitié.

Sicard, Vicomte de Lautrec, par moytié.

Bertrand, Vicomte de Lautrec, et Pierre de Caraman.

Pierre, Vicomte de Lautrec par huictiesme, seigneur de la Bruguiere.	Isarn, Vicomte de Lautrec par huictiesme et Seigneur de Venez et Montredon.	Bertrand, Vicomte de Lautrec par huictiesme et seigneur de Castelnau.	Amaury, Vicomte de Lautrec par huictiesme et seigneur d'Ambres.

Guill., V. de Laut., Seig. de Montfa. Mad. d'Ar-Pajon	Pier., V. de Laut, Seig. de Montredon. Helene de Laut.	Philippe, Vicomte de Lautrec, Seigneur de Venez.	La Dame de Vilars et Alix de Laut., femme du Marquis de Mirepoix.	Bruuette, Vicomtesse de Lautrec, mariée au Vicomte de Narbonne.

1

Pierre, V. de L , Seig. de Montredon, et de Montfa.

Jean, Seigneur de S. Germier.

Jean, V. de L., Seigneur de Montfa.

Guillaume, Seigneur de S. Germier.

Antoine, V. de L., Seig. de Montfa.

Pierre, baron de la	Philippe, Seigneur de	F. Peyrificade, Seig.	Simon, Seigneur de S. Germier.

Bruguiere.   Montfa.   de Montfa.   Marguerite Sau-
                        I   guinete, sa f.

Pierre , Seigneur de   Pons, Seigneur de
Montfa. Dame Anne   Montfa.
de Noel, sa f.
Bernard , Vicomte de   Jean, Seig. de Montfa,
Montfa.   mort sans enfants.
Marguer. de Vitrol.
Alexandre, baron de Montfa.
Antoine, Seigneur de Veyre.
Jean Chevalier.
Louyse.
Renée.

François , Sei-   Jacques , Abbé   Charles, Sei-   François , Abbé
gneur de S. Ger- de Gieucels.   gneur du Bos- de Hambye.
mier.   quet.
Brunette de Lor-   I
dat, sa f.

        I

Simon,   Isabeau de   Antoine,   Jean , Sei-   Jacques,
mort   Combes.   Conseiller   gneur de   Seign. de Mas-
jeune.   Corbairan,   de Tolose.   Massaguel.   saguel apres
              Seign de S.   la mort de son
              Germier.   frère.

              Antoine,
              sieur de S.
              Germier.
              Jeanne de
              Varnige
              de Belesta.
              Jacques,
              sieur de
              S. Germier.
              Marie de
              Lautrec.

Marquis de Tolose et   Marc Antoine de Lautrec,   Paul de S. Germier,
de Lautrec, sieur de   sieur de S. Germier.   sieur de Durfort.
S. Germier.   I

Isabeau de Lacger.   Louys. Jean. Jacques. Pierre. Marie.

        I

Marie, fem de Margot,   Lucrece,   Isabeau,   Louyse.

Mr. Me. Pierre de Carlot, Seigneur de Cesterols et du Cayla, et Conseiller en la Chambre de l'Edict de Castres.

mariée au sieur du Caussé.

mariée au sieur de Gartoule.

mariée au sieur de la Brunié.

La susdite Alix de Lautrec, femme du Marquis de Mirepoix, est relevée en bosse avec son mary, au Chasteau de la Garde, prés de Mirepoix, avec ceste inscription :

Iou, et Alix de Lautrec,
Aven bastit aquest Castet.

J'ay aussi parlé d'une Armoise de Lautrec, au Chap. des Cordeliers, où j'en ay baillé l'Epitaphe.

Il est aussi à noter que la maison de Montfa a fondé le Convent des Religieuses de Vielmur, sous cette condition qu'il n'y pourra avoir des Abesses que de la maison de Montfa, fors qu'elles viennent à manquer.

4. *Genealogie, à sçavoir, de l'illustre maison de Bayard.*

Gilibert de Bayard, Baron de Brialle, et Secretaire des estats de François I., vers lequel, lorsqu'il fut prisonnier en Espagne, il fut envoyé en habit de Cordelier, pour l'entretenir des affaires de son Royaume, et apres fut envoyé en Ambassade par le Roy, pour espouser en son nom la Reyne Eleonor.

Robertet, son frere, Evesque d'Alby.

Il estoit de Bourbonois et allié des maisons d'Estrée de Sourdis, de Seneterre, etc. Et fit bastir les trois plus belles maisons de Bourbonnois et Auvergne, entre lesquelles sont Bricadet et Brialle.   I

Michel de Bayard, Baron de Brialle et Ferrieres, et Seneschal de Castres.

Dame Marg. de Guillot, sa fem., aisnée de six filles de Guillaume de

Guillot et de Damoiselle Anne de Maine (tante du Comte du Bourg l'Espinasse, et des sieurs de Savailan), duquel il avoit eu la charge de Seneschal, que ledit Guillot tenoit de Pierre de Maine, Seign. du Bourg, son beau pere.   I

Pierre de Bayard, Seneschal de Castres, Magdelene du Fresne Canaye, sa f., fille de Messire Phil. du Fresne Canaye, President en la chambre de l'Edict de Castres.

Louys de Bayard, Baron de Ferrieres. Dame Gabrielle de Montcam, sa fem.	Pierre. Michel. Frederic. Cæsar.	Marie. Magdelaine.

I

Pierre de Bayard.	Isabeau de Bayard.

Le susdit Guillaume de Guillot eut six filles, qui furent toutes richement mariées, à sçavoir : Marguerite, au susdit Michel de Bayard; Claude, au Sieur de Mirandel, en Quercy; Françoise, au Baron de Saincte Fortunade, en Limosin; Françon, à Monsieur de Breche, en Auvergne; Isabeau, à Mr. du Caussé, et Marie, à Mr. de Ponssenac, en Bourbonnois.

5. *Genealogie, à sçavoir, de l'illustre maison de Noël.*

Noble Arnaud de Noël, et Raymonde de Marquier, de Castres, fille d'Alric Marquier, Seigneur direct de la Croisete, Lesert, Boisseson, Cambonez, Castelnau, Belfortez, Galibran, Foncaude, etc. 1448.

Antoine de Noël.
Anne de Manent, sa f. 1516.

Une fille, femme du Sieur de Massals.	François de Noël. 1521.

I

Pierre de Noël. Madame	Messire Jean de Noel, Sei. de la Croisette, S. Afrique, Montespieu, etc.,	Jaq. de Noel. Marg.	Claude.	Jeanne, fem. du

Françoise de Gep. 1560.

Jeanne, fem. du sieur de Semalens, et Jean de Noel, marié avec madame Marie de Saix, de la maison de Paulignan, d'où n'est sortie que

qui ayanr rendu de tres notables services à Mr. Dampville, principalement à la bataille de Dreux, où il combatit la pique en main lorsqu'il tomba de son cheval, et puis à la prise de Montpelier et de Castres, le fit en recompense Lieutenant de la compagnie de Cavalerie, et puis son Mareschal de Camp, et enfin Gouverneur de Castres, comme j'ay dit ailleurs.

de Lautrec, heritiere de Massaguel.

Sr. de Viviers. 1560

Madame Marguerite de Sales, sa femme, heritiere de la Griffoul.

Jean. de Noel, Sr. de Massaguel, mort, 1649.

François, Sr. de Massaguel.

Madame Jeanne de Noel, fem. du noble Marquis de Gep, Seign. de Sauvian, Lesert, la Croisette, Galibran, etc., qui pour son mérite et capacité a

Renée, femme du Vicomte de Montfa.

Anne, femme du Baron de Montfa.

Dauphine, femme du sieur de Montauriol.

Marguerite, fem. du Sr. de Bosouls.

Jeanne, fem. de Messire Abel du Suc, President à Castres.

Charlote, qui fut tuée avec sa mere, comme je diray cy-apres.

eu divers emplois tres-honorables, comme j'ai dit cy-devant.

6. *Genealogie, à sçavoir, de l'ancienne maison de Saisse de Castres, fondatrice de la Chartreuse de Beauvoir ou de Boussac, lez Castres.*

Durand Saisse   et   Raymond Saisse, freres.
1222.

|
1270.
Arnaud Saisse.

Arnaud. Saisse. Advocat.	Bernard.	Pierre.	1330. Raymond.	Perre.	Peyronne.	Bernarde.	Ermescende.
Jean et Arnaud.			1348. Pierre Saisse et Amblande de Bretes, mariez.	1352. Bernard Saisse. Iolande, sa fem.			
Jean.	Raymond.	Bernard.		Pierre. George.	Jean. Bernard.	Arnaud. Bernard.	
Ponce Saisse, Religieux de S. Benoist de Castres.	Arnaud Saisse, Advocat.	1361. Raymond Saisse, fondateur de la Chartreuse de Castres, et Centulie de Bretes, mariez.	Jeanne, f. de Brenguié de Bretes.	Fine, fem. de Bernard de Thorene.	Ainaude, femme de Jaques de Capriol.		

7. *Genealogie, à sçavoir, de Centulie de Bretes, de Castres, femme de Raymond Saisse.*

Brenguier de Bretes, et Centulie, mariez.

Pierre Brenguier de Bretes, et Magne, mariez.	Brenguiere de Bretes.	Brenguier de Bretes, et Audeberte, mariez.	Amblarde, femme de Pierre Saisse.	Aybeline et Amiel, Albert, mariez.
Auger de Bretes. Pierre Brenguier	Brenguier de Bretes, Escuyer.	Centulie de Bretes, femme de Raymond Saisse,	Jeanne, fem. de Brenguier de Bretes.	Albert. Amiel Albert.

de Bretes.

fondateur
de la
Chartreuse
de Saix.

8. *Genealogie, à sçavoir, de la noble et ancienne famille des Bouffards de Castres, verifiée par actes authentiques.*

François de Bouffard, qui fut premier Consul de Castres, l'an 1318.

François, qui fut premier Consul de Castres, l'an 1360.

Hugues, premier Consul, és ans 1377 et 1382.

François, premier Consul, és ans 1393, 1398 et 1406. Il fit bastir la premiere chambre du costé d'Agoust, au cloistre de la Chartreuse de Saix.

François, premier Consul, l'an 1426.

Alemande de Galaup, sœur de Guillaume Galaup, Juge ordinaire de Castres, l'an 1393 et 1394.

François, sieur de la Garrigue.
Antoinette de Capriol, sa femme.

Dominique, sieur de la Garrigue.
Gauside de Melon, sa femme.

François, sieur de la Garrigue, et Fiac, premier Consul, l'an 1559.
Guillemette de la Garde de Rotopoly, sa femme

Dominique, sieur de la Garrigue, premier Consul, és ans 1569, 1575 et 1582. Jeanne de Dupui Cabrilles, sa fem.	François, Sr. de Fiac. Jeanne de Perrin la Roque, sa femme.	Jean, sieur de la Grange; cettuy-cy print Burlats le 6 Octobre 1573, et Castres le 23 Aoust 1574, et y commanda pour lors les armes; il fut aussi gouverneur de Saix, l'an 1577, par commission du Duc de Montmorency, print Montcuquet audit an, et Puechassaut l'an 1578, fut gouverneur de Briateste et Fiac, l'an 1581, et premier Consul de Castres, l'an 1600.
Samuel, sieur de la Garrigue, premier Consul, és ans 1608, 1616 et 1624. Jeanne d'Amans le Gros, sa femme.	Jeanne, mariée au Sr. de Poncet, Tresorier de la Ville et Comté de Castres.	Catherine de Molinier, sa

Fran-
çois,
Docteur
et Advo-
cat.
Anne
d'Alary,
sa fem.

Jean
Ant. Jean.
François.
Paul et
Jean.

Paule,
femme
de Mr.
Terson,
Sr. de S.
Sernin.
Margot,
femme
du sieur
Portal,
de Re-
vel.

femme, fille de Mr. Me. Es-
tien. de Molinier, Conseiller
en la Chambre de l'Edict, séante à l'Isle.

Jean, sieur de Madiane, premier Consul és années 1622 et 1630, qui, pour sa capacité non
commune, a esté souvent deputé à la Cour.
Jeanne le Roy, sa femme.

Isabeau, fem. de M. de Roux.
Jeanne, et Honorée

Henry, Docteur et Advocat,
et François.

Chap. VI.

Des Armoiries de la susdite Noblesse.

LES armes de Monsieur d'Amboise, Comte d'Aubi-jous, sont l'escu palé de gueules de six pieces.

Celles de Monsieur d'Ambres sont de Leveron à sçavoir une face d'argent chargée d'un levrier et puis escartelé au 1 de gueules à un levrier rampant, au 2 de gueules au Lyon d'or, au 3 de gueules à la Croix d'or, au 4 de gueules à trois faces jaunes, et sur le tout un escusson avec deux fusées.

Louys de Bourbon, Marquis de Malauze, porte de Bourbon, à la barre d'argent.

Louys de Cardaillac, Comte de Bioule et gouverneur pour le Roy au bas Languedoc, porte de gueules au Lyon d'argent, à l'orle de besans de mesme.

Messire Jehan de Fossé porte d'azur à la bande d'argent, separant un lyon et un cerf courans d'or, le lyon estant dessus et le cerf dessous, avec cette devise à l'entour : *Time et aude, durabis et vinces.*

Sainct Germier porte au 1 et 4 de gueules à 2 vaches d'or accornées et clarinées d'azur, et au 2 et 3 porte de Tolose, qui est de gueules à la Croix clechée et pometée d'or, qui sont les armes de la Province de Languedoc, selon Andoque, etc.

Messire Gaspar des Vignoles, President, porte parti :

Au 1 ecartelé, aux 1 et 4, 3 paux avec une face chargée de 3 boutons de rose, qui est Ursieres ; au 2 et 3 un chasteau environné de vigne avec une face chargée de 3. paons.

Au 2, ecartelé aussi, à sçavoir : au 1, une harpe avec 3 fleurs de lys au dessus et une barre au milieu, qui est Arpajon ; au 3, de Tolose ; au 2, un escu plein de bandes, et au 4, 3 faces.

Louys de Bayard de Brialle, Baron de Ferrieres, porte : au 1 et 4, de Bayard, qui est d'azur à un chevron d'or brisé et 3 estoiles, 2 en chef et une en pointe ; au 2 et 3, de Ferrieres, qui est 3 tours, l'une plus eslevée que les autres.

Les armes d'Auterive sont 5 bandes de gueules en champ d'or chargées de dix coqs d'argent.

Monsieur de Loubens, sieur de Verdale, porte de gueules au loup rampant d'or.

Les armes de Monsieur de Bonne sont les mesmes que celles de Mr. de Lesdiguieres, qui est aussi de Bone, à sçavoir un Lyon rampant et trois roses en chef.

Et les armes de noble Marquis de Gep, sieur de Sauvian, sont trois Croix d'argent en champ de gueules.

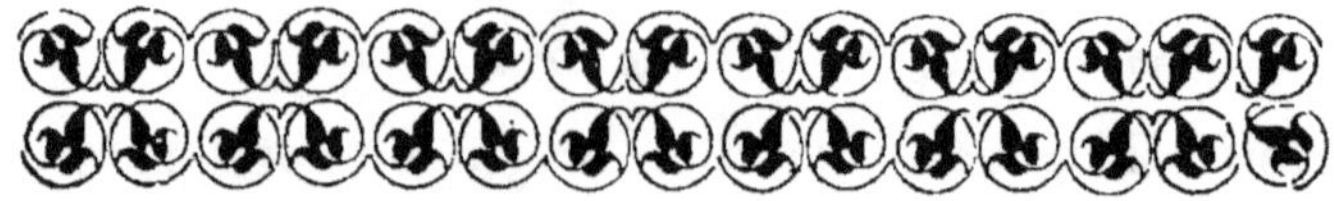

CHAP. VII.

Des hommes illustres qui rendent Castres recomman-
dable, pour y estre nés ou à ses environs, ou
pour y avoir passé le pluspart de leur vie.

S I, selon un ancien Philosophe, les bons Citoyens sont les murailles des villes, il n'est pas hors de raison de dire que les hommes doctes en sont l'embellissement et le lustre. Or, la ville de Castres ayant produit beaucoup de personnes de grand merite, et qui ont donné de l'éclat non-seulement à leur lieu mais à toute la France, j'ay creu que j'en devois faire icy un Chapitre.

Lambert Daneau a fait les livres suivans : *Opuscula Theologica, Politica; Compendium Theologiæ; Erotemata Theologica; Methodus sacræ scripturæ et Comment. in Epist. ad Philemonem; Ethica Christiana in Augustinum de hæresibus, et ejusdem enchiridion ad Laurentium cum commentis Danæi;* la Vie de S. Paul; *Traicté de l'Antechrist, traduit en latin par P. F. S. M.;* un *Traicté des Sorciers et du jeu des cartes et des dez;* la *Physique françoise; De la messe et transubstantiation; De prima mundi ætate, et vetustissimæ primi mundi antiquitates; Contra Petrum Lombar-*

*dum episc. Paris. magistrum sententiarum vocatum,
la Geographie en vers latins; Quæstiones in Ma-
theum; Commentaria in Mathæum; Isagoge, vol. 3;
Contra Bellarminum, vol. 3; Elenchus hæretico-
rum.*

Il mourut dans Castres l'an 1595.

Guillaume de Nautonier, sieur de Castelfranc, a
escrit pour la navigation la *Mecometrie de l'Aimant*
en diverses langues, comme son nom le sembloit promettre, pour laquelle le Roy luy donna douze cens
livres de pension tous les ans durant toute sa vie.
C'est un livre tout plein de doctrine et qui a esté très-
bien receu de tous les royaumes estrangers, bien que
l'envie ait taché de le noircir par la bouche de Donot;
mais c'est l'ordinaire que

> *Alta petit livor, perflant altissima venti,*
> *Alta petunt dextra fulmina missa Jovis.*

Il a fait aussi un *Diaire astrologique,* et sa mort,
qui fut l'an 1620, nous a privés d'une très-belle et
exacte *Cosmographie* qui est entre les mains de son
fils; mais le prix excessif des planches fait demeurer
cette lumière sous le boisseau.

Corras, homme fort illustre, estoit natif de trois
lieues de Castres, à sçavoir de Realmont. Il fut conseiller au Parlement de Tolose, ayant esté auparavant Professeur en Droict à Valence, Ferrare et autres lieux, et a composé les livres suivants : *Variæ in
varias juris partes interpretationes,* volum. 3. *Centu-*

*ria memorabilium tum scholast. tum forensium Sena-
tus-consultorum curiæ Tolosatis ; De posthumis ; Mis-
cellanea ; In tit. de justicia et jure; la fameuse
Histoire de Martin Guerre ; Du bon et entier Juge ;
Paraphrase sur l'Edit des mariages clandestins.*

Messire Phil. du Fresne Canaye, Presid. de Castres,
auquel Casaubon a dedié ses *Notes sur le Nouveau
Testament grec* et son *Suetone*, a fait les ouvrages
qui s'ensuivent : *Remonstrances à l'Eglise de Castres*
et plusieurs harangues, etc. Mais son plus remarquable ouvrage est la traduction en françois de l'*Or-
gane* d'Aristote.

Monsieur Mrc. Louys de Jaussaud, Conseiller en la
Chambre de l'Edit de Castres, a traduit le Thucidide
de grec en françois pendant sa jeunesse, et a fait le
Carmen de rebus gestis Ludovici 13.

Monsieur Mrc. Samuel d'Escorbiac, conseiller, a
fait un gros recueil d'Arrests intitulé *Second tome
de la Bibliotheque Tolosaine.*

Jean Dant a fait le traicté *du Chauve, ou le mespris
des cheveux*, a traduit la *Philis de Scyre* d'Italien en
vers François, a faits les traictez *du Ris* et *du Ridicule*,
qui sont dans le jeu de l'inconnu, et a encore plusieurs
beaux ouvrages qui meritent de voir le jour, comme
la relation de son voyage en Marroc, et ses Poësies.

Jacques Severac a fait un Traicté *des Lots et Ventes.* Et une table de la liquidation de la quarte legi-
time, etc. Son frere avoit fait un traicté *de Luce primigenia.*

Jean Vigier, Medecin de Castres, a fait les Livres

suivans : *La grande Chirurgie des tumeurs; La grande Chirurgie des ulceres;* l'*Enchiridion anatomic;* les *Axiomes ou fondements chirurgicaux;* un traicté de peste. Les *Aphorismes* d'Hypocrate en latin et françois, rangez en un ordre fort exquis et methodique, selon la disposition des parties du corps humain, avec les *Sentences* plus insignes et graves de Celsus; La traduction de l'*Enchiridion chirurgical* de Chalmetée de latin en françois. *Tractatus absolutissimus et accuratissimus de catharo Andreæ Laurentii è Gallico in latinum versus.* La quantité des Editions qui se sont faites de ses œuvres fait voir ce qu'on les a estimées.

Monsieur de Rotan a fait un livre dit *l'Orthodoxe.*

Monsieur Josion a imprimé sa dispute contre Sapets et Camard.

Monsieur Savois a fait un examen de la conscience et un Catechisme.

Rafin de Realmont a fait un Dispautere en vers françois.

Fabre, Ingenieur du Roy, a fait plusieurs Livres et cartes, et entre autres celle des Grisons.

Monsieur Maistre Pierre de Fabry, sieur de Roquairols, Procureur du Roy en la Chambre de Castres, a fait imprimer ses Conclusions d'Audience, avec quelques harangues à la fin.

Maistre Jean Boné, Advocat et Substitut du Procureur du Roy, a fait un livre de plaidoyez curieux qu'il a portez en cette Chambre.

David Defos a fait un traicté des droicts appartenans au Comté de Castres.

Rassiguier a fait plusieurs Comedies, et autres pieces de poësie, entre lesquelles sont : la Tragico-médie de *Celadon et Astrée*, et *les Bourgeois de Paris*. Il a aussi traduit l'*Aminte* du Tasso.

Jacques Borel, mon pere, a fait imprimer diverses pieces de ses poësies, entre lesquelles sont *les Larmes de Sainct Pierre et de la Saincte Vierge*, et *le Renouveau de la paix*.

Guerin du Bouscat de Realmont a fait plusieurs Comedies et Romans, comme le *Roman d'Antiope*; une Harangue funèbre pour Monsieur le Card. de Richelieu, *l'Enfant desadvoüé*, Comedie.

Gau Fregeuille de Realmont a fait une Cosmographie.

Si je voulois mettre tous ceux qui ont des manuscripts à imprimer ou qui font esperer de leurs ouvrages, ou ceux qui ont fait de petits livres, je grossirois trop ce traicté, c'est pourquoy je les passeray soubs silence.

Il ne faut pas oublier à mettre entre les personnes qui honnorent Castres, François Rabelais, Medecin, qui y a composé une partie de ses œuvres, et y a exercé la Medecine, et le Capitaine Emeric de Castres, qui a esté l'inventeur des petards, comme aussi le sieur Jacques Souviran, du lieu de Brassac, près de Castres, excellent Graveur et faiseur de Fusils, qui a trouvé depuis peu une invention admirable, par laquelle il fait qu'un Fusil tire 5o coups avec effet, sans le charger qu'une seule fois.

Avant que finir ce Chapitre, je diray comme il a

paru despuis peu deux Livres intitulez, l'un, *la Paraphrase des Institutes*, et l'autre, *Meslange de divers
problèmes*, sans nom, mais ayans esté receus avec ap-
plaudissement general. Je croirois faire tort à cette
Ville si je ne disois qu'ils ont esté composez par Messieurs Paul et George Pelissons, qui sont des esprits
dont le sçavoir universel ne promet pas peu de lustre
au Languedoc.

Le sieur Jean Alégre, Advocat, a imprimé diverses
Cronologies et pieces de Geographie tres-curieuses, et
fera voir bien-tost d'autres pieces plus considerables
touchant la Geographie et Histoire, esquelles il est
grandement versé.

Monsieur Maistre Jacques de Ranchin, Conseiller
en cette Chambre, a fait aussi imprimer ses Poësies
Chrestiennes.

Et en dernier lieu le sieur Gabriël Ducros a fait
et donné au jour un Traicté de la peste en Latin.

Chap. VIII.

*Des Mœurs et Religion des habitans de Castres,
avec quelques Epitaphes anciennes.*

JE ne croiray pas d'estre accusé de flaterie si je dis
qu'il n'y a point de personnes en France mieux mo-
rigerées que celles de Castres. La douceur qui paroist
tant en leurs visages qu'en leurs discours et en leur
conversation les fait affectionner aux estrangers et
distinguer aisement de leurs voisins. Ils ont la pluspart des inclinations à l'estude, et le bon esprit qui
leur est commun, pour estre sous la situation de Mercure, rend cette Ville une pepiniere de gens de
lettres.

Quand à leur Religion, ils sont à present fort mes-
lez avec les Catholiques Romains, qui autrefois y
avoient esté en petit nombre; mais anciennement
Castres avoit tenu le party des Albigeois, et, à cause
de cela, il fut pris par Simon de Monfort, comme
nous avons dit ailleurs.

Je trouve encore, touchant la Religion, que l'an
1366 commença à s'eslever une heresie dans Castres
grandement pernicieuse, car beaucoup de personnes
Ecclesiastiques suivoient la croyance des Saduceens,

nians la Resurrection, à cause de quoy Roger, Archevesque de Bourges, duquel Castres dépendoit, escrivoit à Estienne, Evesque de Castres, comment il se devoit gouverner en cette affaire. Et je trouve que pour lors on mettoit dans toutes les Epitaphes des marques de cette croyance, afin de ne pas passer pour entaché de cette heresie, mesme dans les actes publiques les Prestres le mettoient apres leur seing, ce qui se peut voir dans l'Epitaphe que j'ay donnée cy dessus d'Estienne, et par les suivantes :

EPITAPHE D'UN PRESTRE DE LA MAISON DE MARTIN DE VIVIERS.

Ego Jacobus Martinus presbiter, et discipulus, reverendi in Christo Patris Stephani Episcopi Castrensis, ex ejus concessione hunc tumulum accepi, et hic expecto in pace resurrectionem, anno 1382. Cal. Augusti.

AUTRE.

...... ter, obiit idibus Martii 1379. ....cit in spe resurrectionis.

J'estime que à ces deffauts y doit avoir *presbiter* et *requiescit.*

Chap. IX.

Des coustumes et privileges de la Ville de Castres.

Avant que parler des privileges, il est à remarquer
que les Consuls de Castres sont Seigneurs de ses
Eaux et Forests, et ont esté ornez par nos Roys d'une
des belles livrées du Royaume ; car ayans porté le
manteau Comtal d'ancienneté avec la robe mi-partie
jusqu'à l'an 1594, par patentes du Roy ils eurent
ordre de la porter entierement rouge.

Philippe de Montfort, selon le sieur Galland, institua à Castres, pour coustumes, l'an 1212, qu'ils se
regleront suivant les coustumes de Paris.

Quand aux privileges, la Ville de Castres en ayant
de tres-beaux, je ne les ay point voulu passer sous
silence. Ils ont esté authorisez par plusieurs Comtes,
comme on peut voir dans l'Acte fort grand et authentique que les Greffiers de la Maison de Ville gardent
successivement.

Les principaux privileges doncques de la Ville de
Castres sont les suivans :

1. Qu'aucun habitant ne peut estre emprisonné pour
debte, et s'il est emprisonné pour quelque autre chose,
il ne payera point l'entrée ny la sortie de la prison.

2. Qu'aucun habitant ne peut estre condamné à mort que pour crime de leze Majesté, ou autre fort extraordinaire.

3. Que les habitans qui seront condamnez à mort n'auront point leur bien confisqué, mais feront leur heritier qui bon leur semblera, hors mis que ce soit pour heresie, ou leze Majesté.

4. Que les condamnez au foüet pour Adultere en seront quittes en baillant cinquante sols.

5. Que ceux qui se seront batus, et qu'il y aura sang, en seront quittes aussi pour pareille somme.

6. Que les Estrangers ne pourront apporter du vin à vendre dans Castres que les habitans n'ayent vendu le leur, par privil. de Charl. VI, de l'an 1403.

7. Que si un habitant a achepté quelque chose, et la faite revendre en public, il ne la doit rendre, quoy qu'elle ait esté desrobée.

8. Que les habitans peuvent prendre du bois des Forests qui despendent de Castres, pour bastir de maisons, et en faire de provisions pour leur chauffage, tant que bon leur semblera, pourveu qu'ils ne dégastent entierement les bois.

9. Qu'ils pourront pescher en toutes rivieres et ruisseaux du ressort.

10. Qu'ils pourront paistre tout bestail és pasturages de la Ville s'ils y ont du bien, et amasser du gland, et de tous autres fruicts de Forest.

11. Qu'aucun revendeur ne pourra acheter de vivres avant l'heure de midy, c'est à dire que les habitans ne soient pourveus.

12. Que tout habitant peut tenir salin et vendre du Sel publiquement.

13. Que ceux qui feront des eschanges dans le Comté de Castres n'en payeront point de lots, sur quoy, voyez Jacques Severac, en son Livre des lots et ventes.

Il y a encore d'autres privileges touchant les tables de la place, et autres choses, mais ils ne sont pas fort remarquables.

Ces privileges ont esté donnez et authorisez par divers Comtes et Roys de France, et entre autres, l'an 1264, par le Comte de Montfort; l'an 1359, par Jean de Vendosme, Comte de Castres; l'an 1368, par le Comte Bouchard; l'an 1403, par le Roy Charles VI; l'an 1414, par le Comte Jacques de Bourbon; l'an 1437, par Bernard d'Armagnac; l'an ,1459, par Jacques d'Armagnac; l'an 1493, par le Comte Bouffil; l'an 1499, par Messire d'Albret, Comte de Castres; l'an 1539, par le Roy François Ier, et l'an 1547, par le Roy Henry II.

Chap. X.

De l'augmentation de la Ville de Castres, et des noms
de ses ruës, portes et gaches.

LA Ville de Castres a esté bastie à diverses reprises,
comme tesmoignent divers pams de murailles anciennes, qui se voyent és caves et jardins de divers
habitans, et mesme des restes des portes anciennes de
la Ville, et vestiges de ses vieux fossez.

Elle a tellement augmenté du depuis, que Monpelier
n'a que cent vingt et cinq pas d'avantage de circuit,
et s'augmente tous les jours, à cause de l'affluence des
personnes que la Chambre de l'Edict mi-partie qui
y est depuis long-temps, y attire.

Mais afin que personne ne se plaigne de ce que je
suis si concis principalement en cet endroit auquel on
pourroit desirer de sçavoir comment fut augmenté
Castres, je m'estendray un peu sur ce point, ayant
veu quelques anciens actes qui en parlent, et si cet
ouvrage est agreable au public, je pourray un jour
luy donner les actes entiers d'où j'ay puisé mes memoires. L'an 1380, les fossez de la Ville estoient en
la ruelle basse, qui est en la maison patrimonialle du
sieur Oulez, et prenant à travers la maison d'Esta-

dieu, alloit droit à l'ancien Chasteau dit Castrum Vetus (où les Juges d'Appeaux tenoient leur Audience,
et où on met à present les criminels) et de la alloit à
la riviere, et la porte de Ville estoit là où est à present la maison de Mr. de la Rivoire, Advocat.

Apres l'an 1380, sous Charles VI, Jean, Duc de
Berry, oncle du Roy, fut fait Gouverneur du Languedoc, à l'exclusion du Comte de Foix, Gaston Phæbus XII, qui en estoit, à cause de quoy il y eut guerre
entr'eux; et Gaston fit réparer plusieurs Villes de
Languedoc, et particulierement Castres; et pour lors
le Convent de S. François fut mis dans la Ville, car
les murailles qui commençoient au Chasteau qui sert
de prison se venoient joindre aux infirmeries du Convent, qui estoient au bastion d'Ardene, d'où on alloit
par une galerie à une sale qui estoit hors la Ville;
de là on continua les murailles jusques au portal
neuf, et de là jusqu'à la riviere, et lors furent faites
les portes de ce costé-là.

L'an 1384, le susdit Jean, Duc de Berry, ne pouvant
jouïr de son gouvernement, fit une grosse armée,
mais il perdit 300 Gentils-hommes en une rencontre
qu'il eut avec le Comte de Foix prez de Rabastens;
mais apres, Phæbus sçachant que le Roy venoit avec
une puissante armée contre luy, s'acorda avec le Duc
de Berry, et luy quitta le gouvernement. Leur entreveuë fut au susdit Convent de sainct François; cecy
est confirmé par la chartre qui est aux Archifs de
Foix, qui dit qu'ils s'entrebaiserent dans une grande
sale du Convent qui n'estoit ny dedans ny dehors la

Ville, c'est à dire qui passoit à travers les murailles.

On divise cette Ville en sept parties, appellées Gaches, prenans la pluspart leurs noms des principales personnes qui habitoient ces quartiers.

La premiere s'appelle la Gache Bonafous, qui commence à l'Albinque, à main gauche, et descend jusques aux Capucins, ou ruë de Bertrac.

La seconde s'appelle la Gache das Foussats, qui commence despuis la maison qui est vis à vis celle que Monsieur de la Barthe à acquise du sieur Oulés, jusques au coin vis à vis la maison de Monsieur de la Devese, et de là descend jusqu'au devant des Capucins, et se rend derriere le Convent des Jacobins, prenant la ruë du Greffe, et Thresorerie, et de la revient au lieu ou elle avoit commencé.

La troisiesme la Gache Raymond Isar, qui commence ou la precedente finit, allant de la jusqu'à la place, prenant aussi les maisons de la ruë de la place, d'un costé et d'autre, jusques au derriere du Convent des Dominicains, et à gauche passe à la Tresorerie, puis estant venuë à son commencement saute la rüe, et prenant les maisons de l'autre costé de rüe, va jusqu'au coin de la rüe du Temple, et passant devant le Temple, va jusques au coin d'Ardene qui est à main droite, et se tournant dans la ruë des Boissiers se tourne au premier coin et revient au lieu où elle avait sauté la ruë.

La quatriesme est la Gache dite de Raymond de Castres, qui commence à l'Albinque au costé droit, lors qu'on vient de la porte, et descend jusqu'à la maison de Monsieur de la Devese, où estoit jadis une place dans laquelle estoient les mesures du bled, dite à cause de cela la place de Las Pialetes, qui furent apres transportées à la grande place, prés du Convent des Freres Prescheurs, et de la va jusqu'à la susdite maison du sieur de la Barthe, et descend jusqu'au premier coin, puis monte jusqu'à la ruë desdits Boissiers, ou Boursiers, et de là jusqu'à la ruë droicte. Elle prend aussi la ruë du College et celle des Cordeliers, de part et d'autre.

La cinquiesme, est la Gache Gaubert, qui commence à la maison de Monsieur le Roy, et de là venant à main gauche, descend jusqu'à la halle, puis se tourne et monte jusqu'au Temple, et se rend au portal neuf, comprenant tout ce quartier de Ville, qu'elle embrasse.

La sixiesme est la Gache Barginac, qui commence au pont neuf et descend jusqu'à la place, et de la va à la porte neuve, comprenant tout ce qui est enclos dans ce circuit.

La septiesme et derniere est la Gache du pont qui comprend tout Ville-goudon.

Les noms des portes de la Ville de Castres sont du costé de Castres :

1. La Portanelle, dite ainsi d'un diminutif de porte.

2. La porte de l'Albinque, dite ainsi, parce qu'elle est du costé d'Alby; elle est dite autrement la porte Royalle.

3. Le portal neuf.

4. La porte du Thresor, ou Tholosane, dite ainsi, parce qu'elle est du costé de Tolose.

5. La porte neuve, dite anciennement la porte de Montfort.

6. La porte del Trauc, prés du Palais.

Les portes de Ville-goudon sont :

7. La porte d'Ampare, prés des masures de l'ancien Chasteau de Roquecourbe.

8. La porte de Ville-goudon, ou Narbonnoise, dite aussi de la Guitarde.

9. La porte de Fusier, ou Fefier par abusion, dite de saincte Foy, prenant le nom de la ruë de saincte Foy.

10. Et la porte de saincte Claire, ou de Miredanes, bastie l'an 1569, auquel temps toutes les autres de Ville-goudon furent fermées à cause des guerres, et ce fut pour cette raison qu'elle fut appellée la porte des Troubles. On l'appelloit aussi la porte du Temple. Il est aussi parlé és anciens actes d'une porte dite *porta Guierra* et *porta Latina*, mais je ne sçay quelle on doit entendre, fors que ce soit de celles qui furent démolies par l'augmentation de la Ville.

Les noms des ruës de la Ville de Castres sont :

La rue de l'Albinque dite à la place, la rue droite, ou de la Sabatarié.

De l'Albinque à la Trinité, la rue de l'Escole vieille, et la petite place de la Trinité, la rue des Boissiers, et la rue des Forgerons.

Allant du four neuf à la rue droite, la rue de Nauzinauquié.

Allant du coin du Temple à la Trinité, la rue du Prieuré, et du mesme coin allant vers la porte neuve, la rue de Mouledier.

Allant du Temple à la petite place des Landes, la rue de Bretes et la rue des Landes.

Allant de la Tolosane à la Platé, la rue Roumive.

Allant de la porte neuve vers la place, la rue de Beaufort.

Allant du mesme coin à l'Eglise des Ormeaux, la rue des Pradals.

Allant de la mesme Eglise à la place, la rue de la Coutelerie.

Allant de la place à la Conciergerie, la rue dal Masel viel, et de celle-là jusqu'à la Tour caudiere, la rue du Malpas. Ladite Tour Caudiere est dite, d'un nommé Caudiere, duquel le bien fut confisqué, ou, se-selon quelques uns, comme qui diroit Tour Gotiere, c'est à dire des Goths. C'estoit la demeure de quelques Comtes de Castres.

Allant du Greffe à la Tresorerie, la rue de la Triperie.

Allant du Capitoul (lieu dit ainsi, parce qu'il appartient au Chapitre de Burlats, luy ayant esté donné par un Comte de Castres) au pont vieux, la rue de Panedeutes.

Allant du pont vieux à la Maison de Ville, la rue dal Coussoulat, touchant laquelle Maison Consulaire, est à notter qu'elle fut acheptée l'an 1374 de Bernard Pradez. Prés de là est la rue de na-Ramon, qui est celle du Chasteau Mouton.

De la maison de Ville à la riviere, la ruë de Bertrac, qui est des plus anciennes de la Ville, dite ainsi
d'un mot Alemand qui signifie assemblée.

Du pont vieux à la porte de Fusiés, la ruë de saincte
Foy.

Allant du Pont vieux à l'Hospital, la rue de la Fa-
gerie.

De l'Hospital à la porte de la Guitarde; la rue de
Malbec. De là au cimetiere sainct Jacques, la rue
Dencadenes.

De la Guitarde, au pont neuf, la rue de la Pairou-
larié.

Du Pont neuf aux moulins, la rue d'Ampare.

Chap. XI.

*Du Consulat de Castres, de ses confronts et limites,
et de ses Parroisses.*

Les confronts du Consulat de Castres sont, de la riviere de Canebras, ainsi comme est la carriere du devez de Burlats, tirant droit à Monfa, jusqu'à la Croix d'en Pessin sous la Ville, et de ladite Croix jusques à prat Andrieu, et jusques à l'Eglise de Campairaigues, et sous la Ville, et de ladite Eglise jusqu'au mas dels Puecheimars, ainsi que va avec le ruisseau Deybets sous la Ville jusques à Agout, et les tenues outre Agout sont comme appert le bois des paissieres sous bas la Ville, et la moitié de la Malsaignée, dessous, ainsi comme la carriere de Castelnau s'en monte jusqu'à la vigne qui fut d'Arnaud de Sire, dessous bas la Ville, et ainsi comme le pré de Caudiere s'en va dessous bas la Ville, et ainsi comme va Costepelade jusques au bois de Sainct Vincent, et la Bouscause des Pesats jusqu'au ruisseau, de Teillere jusqu'à la tenance de Bertrand Cat, et tout le masage de Doulegne, ainsi que va jusques à las Latieires, et la Bouscarel, et ainsi comme le ruisseau passe, jusques au pas de Vaque rouge, et comme va la carriere et monte droict à la vena, et aussi comme Valaserre jusques au Garric Boussat, et jusques à la tenance des Peiroles, jusques au pas de la Badeta, et outre Durenque ainsi que passe le ruisseau de Aigua esparssa jusqu'à l'Estang, et dudit lieu retourne jusques à ladite Ville.

Cecy est tiré mot à mot d'un vieux acte qui fut fait l'an 1553 à la maison de Ville.

Les Parroisses qui dependent du Consulat de Castres sont deux dans la Ville et douze dehors. Les deux de dedans sont : la Platé, ou Nostre Dame, dont l'Eglise a esté bastie depuis peu là où estoit le clocher de la Platé, et celle de Sainct Jacques, dont l'Eglise estoit autresfois joignant le clocher de Sainct Jacques, et maintenant est là où estoit le Temple de Ville-goudon.

Celles de dehors sont les suivantes :

Sainct Avit, La Fosse, Sainct Estienne de Cahusac, Nostre Dame de Farges, Campans, Sainct Martin, Sainct Hypolite, La Case, Sainct Marsal de Camarens, Sainct Julien de Gais, Sainct Laurens d'Auterive, Saincte Foy, aux fauxbourgs de Castres.

Des lieux qui dépendent du Diocese de Castres, avec quelques curiositez de quelques-uns d'iceux.

LES lieux dépendans du Diocese de Castres sont les suivans :

Sainct Amans de Valtoret, où il y a des fours qui fourmillent de Serpens en plein Hyver.

Ambres, Arifat, Aumontel, Aussac, Barry, Berlats, Le Bez de bel Fortez, Brassac de bel Fortez, Brassac de Chasteau-neuf, La Bessiere, La Bolbene, Boisseson d'Aumontel, Boisseson de Malviel, Brasis, Brousse, Briateste, Burlats, Cabanes, Cabanez, La Cabarede, Cambonez, Cabrilles, Carues, Caucalieres, Castanet, La Case de Senegadez, Le Caussé, Chasteau-neuf de Brassac, Cheffols, Le Contrast, La Crosete, Cuq, Enages, Esperausses, Ferrieres, Fiac, Frejeuille, Gijonet, Gibrondes, Grauliet, Las Graisses, Janes, L'Albarede, La Caune, où il y a de bons bains; Lautrec, Le Laus, Le Mariech, Mandoul, La Martinié, La Miate ou Damiate, Milsecle, Montcocu, Montdragon, Montfa, Montlaidier, où il y a un horrible precipice, et où on dit s'estre autresfois trouvé un Dragon et une Escarboucle.

Montlairez, Montredon de Montredonez, Montpinier, Murat, Parisot, Peiregous, Puicalvel, La Pomardele, Le Poujol, Proviliergues, Roquecourbe, Roquefere, Rouayrous, Salveterre, Senaux, Serviez, Senegats, Jainct Julien du Puy, Sainct Jean de Bals,
lieu plein d'Urnes et où on a trouvé beaucoup de Médailles antiques.

Sainct Germier, Sainct Gausens, Sainct Geniez de
Baransal, La Bastide Sainct George, Sainct Gervais,
Trevisi, La Terre basse, Vabre, Valdurenque, La Va-
lete, Vielmur, Lou Vintrou, Viane.

Venez, où se trouvent des os petrifiez qui, au feu,
viennent de couleur de Turquoise.

Item les terres de l'Abbaye d'Ardorel (dont les
Moines ont esté transportez à la Rode) au prés de
Gais ; et enfin Davity dit que le Diocese de Castres
comprend 412 Parroisses ou clochers et 77 Consu-
lats, et encore y en a-t'il d'avantage parce qu'on en
accouple plusieurs deux à deux.

Des lieux qui dependent du Diocese de Castres, il
n'y a que 14 Villes maistresses qui entrent à l'assiette,
à sçavoir : Lautrec, La Caune, Castelnau de Brassac,
Sainct Amans, Briateste, Grauillet, Viane, Montredon, Sainct Gervais, Fiac, Roquecourbe, Boisseson
d'Aumontel, Esperausses et la Cabarede, desquelles
six seulement vont aux Estats, de sept en sept, à sçavoir : Lautrec, La Caune, Sainct Gervais, Sainct
Amans, Montredon et Castelnau ; et trois qu'il y en a,
à sçavoir : Grauillet, Briateste et Fiac, n'y vont que de

2 1 en 2 1 ans, ne tenans toutes trois qu'une place au septenaire.

Les armoiries de ces 14 Villes se voyent sur une porte de la Maison de Ville; la premiere, qui est Lautrec, porte un arbre et un Chasteau à trois Tours; la seconde, un homme sonnant du cornet et tenans une couple de Levriers; la troisiesme, un Chasteau à trois Tours ayant en chef trois Fleurs de Lys; la quatriesme, deux Lions tenans un Escu; la cinquiesme, une teste environnée de neuf Fleurs de Lys; la sixiesme, qui est Grauillet, porte party, au premier, un espic de bled, et au second un T; la septiéme porte un trident ayant sous soy et à ses costez trois pieds de Lyon; la huictiesme porte une harpe et une fleur de Lys à chaque costé; la neufiéme, trois fucilles de Chesne ou Erable; la dixiesme, qui est Fiac, un arbre et au chef trois fleurs de Lys; la onziéme, qui est Roquecourbe, porte trois rochers et au chef trois fleurs de Lys; la douziesme porte un pin; la 13 a l'Escusson vuide; et la 14, qui est la Cabarede, porte seulement trois fleurs de Lys au chef.

Des lieux qui sont des appartenances du Comté de Castres.

PREMIEREMENT, la Ville et Faux-Bourgs de Castres et puis :

Roquecourbe, Burlats, Boisseson d'Aumontel, Brassac de Chasteau-neuf, Esperausses, Viane, Montcocu, Laginié, Aumontel, Caucalieres, La Caune, Valdurenque, Montlaidier, Vintrou et le Mariech, Cambonez et la Valete, Sainct Amans de Valtoret, Rouayrous, Salveterre, Lacabarede, Boisseson de Malviel, Enages, Cabanez et Barry, Lebez de Belfortez, Brassac de Belfortez, Escroux et Roquefere, Gijonet, Senaux, Pomardele, Lefert, Berlats, Ferrieres, La Crousete, Janes, Raissac, Montredon, Venez, Agrifoul, La Case de Senegadez, Senegats et Trevisi, Vabre, Sainct Gervais, Sainct Geniez de Baransal, Castanet, Briateste, Sainct Gausens, Grauillet, où est Crins, lieu de plaisance de Monsieur d'Aubijous.

Misegle, Ambres, Fiac, La Bastide Sainct George, Cabanes, Las Graisses, Murasson, Campans, Cambon, Massuguiez, Ornac, Arifat, Granval, Auterive, Gais, La Valette, le Pont de Larm, la Strade du Causse,

Cambonez, La Tribale, Le Caussé, Castel-franc, La
Bechonié, Roquesiriere, Le Travet, Montans, Sainct
Fœlix.

La Grange de Casquignoles et ses appartenances.

Les Forests de Poujet et Frejairoles.

Le Moulin de Montfaucon et les Forests des environs.

Florentin, Tecou, Cadalen, Alban, Teillet, Chasteau vieux, Realmont, La Fenasse, Rouffiac, Carlus,
Saillez, Brasis, Gabriac, Le Taur, La Bessiere, Mou-
sens, Girousens, Coufoulens, La Miate, Aussac.

De Castres dependent aussi le Vicomté de Lautrec,
qui contient les lieux suivans :

Vielmur, Serviez, l'Albarede, le Pujol, Froideville,
Puicalvel, Gibrondes, Cuq, Mandoul, la Bessiere, la
Boulbene, Montpinier, Sainct Germier, Peiregous,
Cabrilles, Proviliergues, Sainct Jean de Bals, le Laus,
Montfa, Brousse, Sainct Julien Depy, la Martinié,
Carues, Montlairez, le Contrast, le Bousquillou, Mal-
vignol, Fenairols, la Mothe, Varagnes, Lengary.

Comme aussi en depend le Vicomté d'Embialet et
Villefranche prés d'Embialet.

Le Vicomté de Paulin, le Vicomté de Murat, la Ba-
ronie de Lombers, au diocèse d'Alby, d'ou dependent
Lombers, Montdragon, Peyroles, Parisot, la Pelissa-
rié, Tersac, Fenols, la Brugueirete, la Boutarié, Pou-
lan, Frejairoles, Pousols, Fauch, Escabrins, Orban,
Marsal, Ronel, Bellegarde, Puechgousou, Teulet,
Sainct Tyberi, le Bruc, Roumegous, Sainct Antonin,
Sieurac, Sainct Benoist, Coudols, Conils.

Il depend encore du Comté de Castres : la Baronie de Lesignan, au Diocese de Narbonne, où il y avoit autresfois deux estangs qui ont esté dessechez et sont labourez à present, selon Defos; de cette Baronie dependent : Lesignan, Castelnau de Rivedaude, Montrabech, Toroselle, Caumont, Couillac, Tonens, Serame, Fontasels, la Bastide de Lengous, la Vezole et la Serre.

La Baronie de Berens, Diocese d'Alby, comprenant le Chasteau de Montans et Serassame prez de Gaillac, duquel je diray en passant que c'est le lieu de la naissance de Barthelemy Cabrol, grand Anatomiste, comme ses escrits le témoignent.

Et la Baronie de Curvale avec le Chasteau, Diocese d'Alby, d'où dépend Villeneuve, Castang, Montredon, Mules et Verdu.

*Des Rivieres et Fontaines de Castres,
et de leurs noms et raretez.*

IL y a deux Rivieres à Castres, l'une qui passe dans la Ville, separant Castres de Villegoudon, qui s'appelle Agoust et *Agutus;* Agoust, parce qu'elle est d'excellent goust et fort bonne à boire, ou parce qu'elle est l'esgoust des neiges de nos montagnes, qui la grossissent fort quand elles viennent à se fondre; ou elle est nommée Agoust à cause d'Auguste, comme nous avons dit cy-dessus.

Pierre de Valsernay, Chap. 49, l'appelle *Agotus*, et Masson l'appelle *Acutus;* la bonté de cette riviere procede de ce qu'elle vient d'une excellente fontaine qui est prez de la Salvetat. Voicy ce qu'en dit Davity, au *Livre du Monde* : « L'Agoust vient des montagnes de la Caune, traverse le Castrés, passe à Fraissé, Brassac, Roquecourbe, Castres, Lavaur, Sainct Paul et Damiate, puis se jette dans le Tarn. »

La riviere dont nous parlons orne beaucoup la Ville de Castres, et serpente extraordinairement dans son

terroir, y faisant de destours admirables, au moyen
desquels ceux qui demeurent dans nos montagnes
ont le loisir d'advertir la Ville de Castres des débor-
demens que fait la riviere, estans plustot arrivez à
ladite Ville que le torrent qui s'est formé chez eux.
Outre l'utilité qu'elle apporte tant pour la pesche que
pour laver, teindre, et pour les Moulins qui sont dans
la Ville, elle apporte aussi de grandes recreations et
commoditez pour la promenade sur l'eau et pour le
bain.

On y amasse tous les ans une quantité incroyable
de petits papillons blancs comme neige qui tombent
du Ciel tous les soirs pendant le temps de la Canicule ;
on les appelle de la Manne ; ils s'amassent à la lumière
en si grande quantité qu'on en prend tant qu'on en
veut pour apaster les poissons, qui en sont friands, ou
pour engraisser les volailles.

En apres la susdite riviere porte de poissons tres-
excellens, et principalement beaucoup de Truites et
une quantité incroyable d'Escrevices.

Mais il y a deux choses grandement considérables à
dire touchant cette riviere : la premiere, que par son
moyen on pourroit aisement aller jusqu'à Bourdeaux,
ce qui rendroit la Ville fort riche et marchande, car il
ne faudroit que netoyer son lit des rochers, faire
quelques murailles et ouvrir les chaussées. J'avance
cecy comme le croyant tres-faisable, parce qu'elle portoit bateau l'an 1265, selon un acte que j'ai veu, qui
atteste qu'une barque fut arrestée par des soldats, et
que cette barque venoit de Castres, chargée de farine,

armes et chair salée, et portoit ces provisions en Guienne, à l'armée du Roy.

La seconde est le noble projet de joindre les mers Oceane et Mediterranée que plusieurs de nos Roys ont fait, entre lesquels est Charlemagne, qui, selon Dutillet, le vouloit faire par le moyen du Rhin et du Danube, à l'imitation d'un Romain nommé *Vetus*, qui le voulut aussi faire par la Saosne et la Moselle, et en dernier lieu François I, par la Garonne et la riviere d'Agde. Cet ouvrage, dis-je, digne vrayement des Roys, tant pour l'utilité publique que pour leur renommée, se peut tres-aisement executer par le moyen de nostre riviere, come le fait tres-bien et clairement voir le sieur Jean Jacques la Pierre, Ingenieur et Architecte, dans les divers plans qu'il en a dressez, que je donneray dans la suite de ce Livre, à laquelle je travaille.

L'autre riviere, qui est tout contre la Ville, se joint à l'Agoust, et est appellée Durenque; elle est tres-bonne à boire, parce qu'elle prend sa source parmy des rochers; elle donne son nom à un lieu appellé Valdurenque, et porte de poisson plus savoureux que celuy de l'Agoust.

Quand aux fontaines, il y en a presque à chaque porte de la Ville, et autres fois on les avoit dedans; mais maintenant leurs tuyaux sont rompus. Leur eau est fort saine et agréable à boire.

Ce qu'il y a de plus remarquable à dire touchant nos fontaines est que prez de Saix, qui est un lieu distant d'une lieuë de Castres, y a une fontaine dont l'eau se petrifie, et mesmes appierrit tout ce qu'elle rencontre, de sorte qu'on y trouve du bois, de la mousse, des capillaires, des fueilles et racines de divers arbres, et des limaçons pétrifiez en abondance. On l'appelle Lou Teron de las Fades, c'est à dire des Fées, ainsi dites, du mot *Fatum,* c'est à dire le destin, parce qu'elles estoient consultées touchant les choses futures. On a trouvé aussi cette année une fontaine à la metairie dite de las Dousez, pres de Brassac, qui a les mesmes vertus que celle du pont de Camarez, comme plusieurs qui s'en sont bien trouvez l'attestent; elle participe de Nitre, Soufre et Vitriol.

Je trouve encore dans *Jodocus Sincerus* qu'il y avoit anciennement des bains à Castres, mais pour le present il n'y en a aucune trace, fors qu'il vueille dire ceux de la Caune, qui depend de Castres, car il y a là de bains fort bons, mais qu'on laisse perdre par negligence.

Il ne nous reste rien à dire sur ce sujet, sinon qu'il y a un puits à Padiez prez de Revel, qui est plein depuis le commencement du Printemps jusqu'à l'Automne, et puis demeure à sec tout l'hyver, estant contraire ainsi à tous les autres.

*Des pierres et autres mineraux du terroir de Castres,
et des merveilles d'iceux, et particulierement
du Roc qui tremble et des Priapolithes.*

Entre les choses les plus rares de Languedoc, le
Rocher, qui est à demye lieuë de Castres, doit tenir un des premiers rangs, car plusieurs anciens Autheurs ont mis parmy les plus grandes merveilles de
la nature un pareil Rocher qui estoit en une region
fort esloignée de ce pays, et Baptiste Porta parle
d'un semblable qui est prés de Harpasa, avec grande
admiration ; mais pour ne vous tenir plus en suspens
je vous diray que nous avons prés ce que les autres
avoient loin, mais, par une mauvaise coustume establie de toute ancienneté, nous mesprisons les choses
que nous possedons, et recherchons avec ardeur
celles qui sont reculées de nous. Car à un lieu nommé
la Roquete, à cause de l'abondance des Rochers, on
en void un qui, nonobstant sa grandeur et pesanteur
demesurée, est situé en telle sorte, qu'avec un doit
on le peut faire visiblement trembler, et non avec
tout le corps, parce que cette force est trop violente
pour la délicatesse de son assiette (s'il faut ainsi par-

ler), ou parce qu'il y a un arrest du Roc mesme, auquel une force trop rude le poussant, il ne peut pas
revenir en son lieu, et ainsi on n'en peut pas comprendre le mouvement, comme en le poussant dou-
cement; on s'est mesme pris garde que le vent le fait
mouvoir, et pourtant il n'est pas peu asseuré dans
ceste inconstance, veu que de curieux qui en ont fait
l'essay ne l'ont peu remuer, y ayans attaché plusieurs paires de bœufs.

Cette merveille ne peut provenir que de l'Equilibre,
ou de ce qu'il y a quelque convexité qui s'enfonce
dans la cavité du Rocher qui le soutient, ou au contraire; ce Rocher est très-dur, et d'une espece qu'on
appelle icy pierre de sidobré; il attire beaucoup d'Estrangers et de curieux à le venir voir, dont quelques
uns y ont gravé les devises suivantes :

Il piu alto e quel che treme. P.

Voulant dire que comme ce Roc, qui est le plus
haut de tous ceux parmy lesquels il est situé, est le
seul qui tremble, qu'ainsi les hommes les plus esle-
vez sont les plus dangereux, et sont ceux qui trem-
blent d'avantage pour la crainte des dangers.

L'autre devise qu'on y voit est telle :

Cosi almen ti movesi o dura Fili. D.

C'est la devise d'un Amant qui accuse sa Maistresse
de ce qu'estant aussi dure que ce Rocher, elle est encore plus inesbranlable.

Puis que nous sommes entrez sur ce discours, il faut remarquer qu'en ce mesme lieu y a une infinité de Rochers monstrueux en grandeur, et un ruisseau qui, outre qu'il y a un pont naturel de pierre, est couvert durant un quart de lieuë de double voute, composée de ces grandes pierres rangées, une à chaque bord, et puis une ou deux sur celles-là, de sorte qu'on peut marcher entre deux, pour admirer ces voutes naturelles et cet agencement de Rochers, qui semblent veritablement estre faits par la main des hommes, bien qu'ils en soient incapables, si ce n'est que ce fussent quelques effroyables Geants. Le peuple appelle ce lieu la sale des pains blancs, à cause que ces pierres sont rondes comme des pains. Au dedans de la voute, on void une de ces pierres en forme de Chaire, quoy que naturelle ; on l'appelle la Chaire de sainct Dominique, parce qu'on dit qu'il y preschoit du temps des Albigeois. Sous ces voutes passe un ruisseau duquel le bruit est si grand, que je l'oseray comparer aux Cataractes du Nil.

Ces Rochers dont nous avons parlé ne portent pas de petites utilitez, car on en fait de fort bonnes meules de moulin, des auges, des pierres à foyer et des bastimens.

Un peu au dela est le lieu appellé Sidobre, qui est tout couvert de pierres semblables et qui contiennent autant de merveilles qu'elles sont en nombre, car on en void qui sont dressées comme des pyramides, d'autres qui sont plates, et grandes comme un grand toit, qui leur sont posées dessus et appuyées naturellement d'un coing de pierre, de sorte qu'elles prestent leur couvert aux passans contre la pluye. Il y en a d'autres qui semblent des maisons massives, et entre autres une qu'on appelle, à cause de cela, le Rocher de peire Afegnal; d'autres representent des animaux, comme celuy qui ressemblc à un Coq qui mange, nommé le roc de peire Poul. D'autres forment deux et trois parois à une maison, et d'autres servent de table.

Il seroit à presumer que les Poëtes ont entendu que c'estoit le lieu où Jupiter fit pleuvoir les pierres du Ciel en faveur d'Hercule, lors qu'il deffit les voleurs Albion et Bergion, bien que d'autres ayent estimé que c'est un lieu de Provence nommé la Crau ou *Campi lapidei*, car le mot de Sidobre est composé d'un mot Latin et d'un Grec signifians *Pluye celeste ;* et puis le nom de la Ville d'Alby pourroit venir du susdit Albion.

On pourroit aussi dire avec quelque apparence que ces rochers estoient dans la terre agencez de mesme, et que le deluge universel les descouvrit, ostant la terre des environs d'iceux; et quand à l'etymologie de Sidobre, il vient du mot Sidopre corrompu, qui vaut autant à dire que *sine opere*, ou sans culture, parce qu'il ne peut estre cultivé, à cause du grand nombre de ses rochers.

La seconde merveille du païs est le mont dit Puytalos, que nous pouvons appeller mont des Priapolithes, à cause qu'il est rempli de pierres longues et rondes, en forme de membres virils.

Plusieurs Naturalistes, entre lesquels est Pline, ont descrit pour grande merveille que la pierre Diphris porte empreintes sur soy les figures de l'un et de l'autre sexe, et que l'Enorchis mise en pieces represente la figure des genitoires des hommes, et, selon Cardan, l'*Hysterapetra*, qui se trouve au terroir de Treves, a la forme des parties honteuses des femmes; mais tout cela est peu de chose au prix de cette pierre icy, que nous pouvons appeller Priapolithes, car, outre sa figure, conforme au membre viril, si on la coupe on y trouve un conduit, au centre, plein de cristal, qui semble estre le sperme congelé; aux uns on trouve des testicules attachez, d'autres sont couverts de veines, et d'autres montrent le Balanus, et sont rongez, comme estans eschapez de quelque maladie venerienne; et mesme parmy eux se trouvent des pierres ayans la figure des parties honteuses des femmes, et quelques fois on les trouve joinctes ensemble, et quelques uns se trouvent de figure droite parmy ceux qui sont courbez.

Touchant ces pierres merveilleuses, je dis que ce lieu est situé sous quelque constellation qui verse des influences disposées à la génération de ces Gamahez ou Talismans naturels; ou que les pierres, ayans une semence multiplicative comme les plantes, peuvent aussi bien naistre en cette forme, comme l'herbe Phallus en Hollande et l'Arum chez nous, qui representent les parties honteuses des hommes, et les Hermodactes et autres, celles des femmes, et la Mandragore l'homme entier; ou, comme il y a des lieux remplis d'autres pierres en forme de coquilles et limaçons, à cause du seminaire occulte qui s'y trouve de ces choses; et quand à la vene du cristal de nos pierres, nous pouvons dire que l'eau pétrifiante qui les engendre se purifiant tousjours, forme au centre ce cristal du plus pur de sa matiere, la nature se purgeant et jettant l'impur à la circonférence.

On envoye querir de ces pierres merveilleuses de divers endroits du Monde, pour orner les cabinets des curieux, et j'en ay envoyé moy-mesme en divers endroits, et en dernier lieu à Paris, à la sollicitation de Monsieur du Moustier, qui en vouloit orner son cabinet.

J'ay trouvé au mesme lieu des pieces de Melon, escorce de Citron, coquilles, os, amandes et rognons petrifiez, que je garde dans mon cabinet parmy les autres merveilles que j'y ay.

Il y a si grande quantité de ces pierres en ce lieu, qu'on n'y en sçauroit trouver d'autres; elles viennent dans des grandes fentes de la terre, où la nature semble offrir ce thresor de rareté aux passans en leur ouvrant son sein.

Si les plantes qui representent les parties du corps humain, ont de la vertu pour en guerir les maladies, comme l'Alkekengi, qui, par sa bource, dans laquelle on void comme une cerise, represente une pierre dans une vessie, le triolet tacheté, la taye des yeux, et une infinité d'autres que Crollius, Quercetan et Henry Carrichterius raportent dans leurs Livres des signa-

tures, on pourroit dire que nos Priapolithes ont vertu
pour les maladies venerienes.

Avant que passer aux autres merveilles des pierres,
je ne veux point obmettre que j'ay deux pierres de
cette nature qui representent naturellement, l'une,
l'image d'une femme tenant un enfant, et l'autre,
d'une femme nuë toute droite.

Puis que je suis sur le discours des petrifications,
je ne veux point passer sous silence le roc de Lunel,
qui est fort prez de Castres. Ce que j'en veux dire de
considérable est qu'il est tout remply de limaçons
petrifiez, de trois especes de pierres en forme d'O-
lives, et de dragées, et mesme j'y ay eu trouvé un ver
changé en pierre.

Sur ce rocher passe un ruisseau appellé Rosé, qui
y forme une double cascade des plus belles qui soient
en France, estant de la hauteur d'une pique et demie,
et ne tarissant de toute l'année.

Ez autres quartiers proches de nostre Ville se trouvent plusieurs mineraux, à savoir, des pierres d'Aigles pres du pont du Fraisse, des carrieres de Marbre
et de Jaspe à Burlats et ailleurs, des mines de fer à
sainct Jean, etc., des marcassites ou pierres de rouët
à Gourjade et à la Bruguiere, des mines de plomb
meslées à d'argent, et de l'argent de paillette dans l'A-
goust, de la croye blanche à Caucalieres, de la noire à
Roquecourbe, beaucoup de pierre de taille et pierre
à chaux icy, du cristal à Roquesiriere, etc., de bon
bol à Lunel, du talc à sainct Amans, d'orpiment à
Dorgne, et de marne, ardoise et terre blanche et

grasse, de laquelle on pourroit faire de vaisselle fort exquise en divers endroits.

Outre cela il y a de pierres de touche, de l'argent vif (car plusieurs en ont veu la nuict par les champs), du cuivre et mesme de l'argent en divers lieux prez de Castres.

Par ce veritable recit de ces mineraux, il est aisé de remarquer l'abondance qu'il y en a en ces quartiers, et mal aisé de s'empescher d'estre estonné de la mauvaise grace de d'Aubigné et la Popeliniere, qui disent que Castres a plusieurs maisons basties de terre à faute de pierre, veu que cela ne se practique que par commodité pour de parois de Jardins qu'on fait à petit coust de terre grasse, qui y est en abondance, y ayant d'ailleurs quantité de belles carrieres de pierres de taille.

*Des plantes rares du terroir de Castres, et autres
raretez des vegetaux qui y sont.*

Touchant les plantes, nous avons cet advantage
que nous pouvons dire que non seulement nostre
campagne, mais mesme les montagnes, steriles ailleurs, sont icy pleines de fruicts, comme les fraises
qu'on y trouve à souhait le tesmoignent, et dont on
fait comme deux recoltes chaque année, dont l'une
commence quand l'autre finit, comme il arrive aussi
des autres fruits et fleurs qui viennent à deux ou
trois lieuës de Castres, lors que ceux de la Ville ont
pris fin, comme j'ay souvent veu des Cerises, Pois,
Feves, Artichaux et Roses.

Pour les raretez des plantes, c'est en ce pays que se
trouve cette herbe magique qui, coupée, excite les
tempestes, la faim, et sincope à ceux qui luy passent
dessus, ce que je puis asseurer estre arrivé fort souvent à des paisans de ma cognoissance, qui ne m'en
ont sçeu dire autre chose sinon que de tout temps ils
ont observé que cela leur arrive lors qu'ils fauchent
un certain pré qui dépend du lieu de Peiregoux, prez
de Lautrec, et asseurent que depuis 5o ou 6o ans ils

ne l'ont jamais peu faucher, pour si beau jour qu'ils ayent choisi, que le temps ne se soit changé en pluyes et orages (ainsi on raconte que si on touche les pierres d'un Autel qui est aux Pyrenées, ou qu'on agite l'eau du lac de S. Barthelemy, qui est au mesme lieu, les tonnerres ne manquent pas à s'en ensuivre bien-tost); ils disent que cette plante reluit la nuict, en quoy elle ressemble au Baaras de Josephe, ou au *Fungus stellatus;* je ne m'estendray pas davantage sur cette plante, ayant fait dessein d'en traicter au long dans mes observations.

On trouve au mesme lieu les Noyers qui jettent fueille et fruict dans une nuict.

Outre cela on peut mettre parmy les raretés des plantes de ce païs les bois de Philirea et Laureola, comme aussi les longues hayes de Houx qui durent de lieuës entieres, et les montagnes couvertes de Buis. Et en fin le bois d'Ormeaux qui se void au milieu de la Ville de Castres n'est pas une chose de petite consideration.

Quand aux autres plantes qui s'y trouvent, outre celles qui sont fort communes, voicy le Catalogue de celles que j'y ai remarquées :

Absynthium santonicum. Latifolium. Tenuifolium, Acer. Achillea montana. Aconitum pardalianches. Lycoctonum. Aggeratum commune. Ferulaceum. Alcea pentaphyllea. Laciniata. Alliaria. Amarantus, flos ambarualis. Ammi Fuchsii. Anchusa. Androsæmum arborescens. Anagallis lutea. Purpurea. Baccifera. Anemones species *multæ. Sylvestris, seu flos Adonis. Angelica Fuchsii. Anonis viscosa. Spinosa. Aparine. Apios, seu glans terræ. Apioselinum. Aquilegia. Aquilex. Arbutus. Argentina, Aristolochia rotunda, longa. Artemisia tenuifolio, latifolio. Asclepias. Asphodelus flore albo, luteus cyperoides. Aster Gesneri. Atticus, etc.*

Baccharis, seu Coniza major. Betula. Bistorta. Blattaria. Branca ursina. Bulbocastanum. Bupleurum majus, minus, minimum.

Carduncellus. Carduorum variæ species. Capillaria omnia. Cannabis spuria, aquatica rara. Cacalia. Cameline myagr. Cariophyllata. Cariophyllorum multæ species. Carlina. Carpinus. Caltha palustris. Chamemelum. Caprifolium perfoliatum, aliæ ejus species. Caucalis. Calamentum inodorum seu acinus. Chamelea. Centaurium flore albo, fl. luteo. Circea lutetiana. Clandestina purpurescens, alba quæ rarior est. Clinopodium. Coma aurea. Corruda. Convolvulus spicæ folio. Colchicum luteum. Cornus. Cotonaria. Crassula. Cratæogonon. Crista galli. Crocus montanus, pratensis, autumnalis. Cruciata. Cyanus, austriac., aromat. Cynocrambe.

Daucus lactescens. Dens caninus. Dentaria. Digitalis flore purp., fl. albo. Dorycnium Monspeliense. Doronicum. Dryopteris.

Elatine. Elleborine. Elleboraster. Elychrysum. Enula campana. Eruca quadrata, cantabrica. Eruum. Eringium serratum. Erisimum serratum. Esula exigua Tragi, dulcis. Euphrasia. Eupatoria omnia.

Fagopyrum. Fagus. Filix florida seu osmunda. Filicula Tragi. Filices raræ. Flammula Jovis. Flammula seu atragine. Theophrasti. Flos cuculi. Fœnum Burgundiacum. Fœniculum aquaticum, porcinum. Fritillariœ seu meleagrides. Frangula.

Genistœ communes, spinosœ. Genistella. Gentiana. Geranium maluaticum. Roberti, variegatum, fuscum, hœmatodes. Glaux Plinii. Glastum. Glycirrhyza. Globularia. Graciola. Gramen leucanthemum, tremulum, hirsutum majus montanum, minus, anatinum, diaboli, bombicinum, mannœ, arundinaceum, cyperoides, cauda muris.

Hamemelis. Hedera terrestris, saxatilis hirsuta, Herba paris. Hermodactylus. Herniaria. Hieracium luteum lunatum, caput monachi, falcatum. Hiacintho asphodelus vel fœmina Dodonœi, poetarum, stellatus, peruvianus, liliaceus. Hiosciamus. Hypericum aquaticum, tomentosum. Holostii variœ species.

Jacobea. Jacea nigra, pinea, sensitiva, ut propriis oculis vidi. Jasminum luteum. Ilex suberifera. Impia. Imperatoria. Impolluta, lepra contaminatos detegens. Jua moschata, arthritica. Arbor Judœ folio acuto, et sine fructu. Juncus capitulis equiseti, floridus montanus. Herba Judaica. Juncaria Salmanticensis, centinodiœ species.

Laureola. Lamium linea alba in medio foliorum notatum. Punctis albis guttatum. Lardaria. Lanceola. Lavendula. Lagopus. Ladanum segetum. Lathyris. Leucoium triphyllum. Libanotis, seu Saxifraga Veneta. Lychnis Montana flore carneo. Muscipula. Anglica. Ligustrum. Lingua cervina. Lilium convallium. Linaria odorata. Bellidisfolio. Lisimmachia galericulata. Purpurea. Lutea. Corniculata, seu Chamœnerion Gesneri. Litho-

spermum comune. *Anchusæ facie. Lonchitis aspera. Lotus arbor. Urbana. Pentaphyllos. Eptaphyllos latif. Dalecampi, seu Anthyllis leguminosa Dodonæi. Lunaria Lutea. Bulbonac. Sferra caballo. Lupinus. Luteolata.*

˙ *Martagon chimistarum. Matrisylva. Medica. Melampyrum. Melissophyllum Fuchsii. Melissa. Mespilus aronia. Mercurialis montana, seu Cynocrambe.*

Narcissi variæ species. Nummularia major. Minor. Nymphæa.

Ophioglossum. Ophris, seu Bifolium. Orminum majus, minus, medium. Orchis palmata. Anthropophora, seu Zoophora. Ornitophora. Flore apum Spiralis. Cimices ferens, et aliæ multæ species. Oreoselinum. Orobanche. Ornitopodium. Ornithogalum spicatum. Flore lacteo. Osmunda regalis.

Palma Christi. Papaver rheas flore albo, etc. Paronichia. Pentaphyllum tormentillæ facie. Rectum annuum. Peplus. Perchepier Anglorum. Perfoliata. Persicaria siliquosa, seu Nolimetangere, aureo colore, in hortis. Persea arbor flore pleno. Philirea levis. Serrata. Phyteuma, seu Herba amoris. Pilosella lactucella.

Polium mas. Fœmina repens. Poligalæ. Polemonium. Politrichum Apuleii. Polipodium, rupinum. Quercinum. Potamogetorum variæ species. Primula veris. Prunella flore albo. Grandiflora. Ptarmica. Pulegium. Pulmonariæ variæ. Pyrola.

Ranunculus flore pleno. Flammeus. Bulbosus. Nemorosus. Rapunculus. Alopecuri comoso. Rhamni variæ species. Ros folis. Rhus myrthi folio. Rubus sine spinis.

Salvia vitæ. Bosci. Romana. Sambucus aquatica. Race-

mosa flore rubro. Laciniata. Sanicula. Saxifraga aurea. Chelidonides alba. Dauci facie. Veneta. Anglorum. Scabiosa montana alba. Hispanica. Centauroides. Scamonium Monsp. Scolopendrium. Scordium. Scorpioides leguminosa. Scrophularia major. Minor. Serratula. Securidacæ variæ. Sena colutea major, minor. Seseli. Sferra caballo. Sigillum Salomonis. Mariæ. Simphytum. Siringa italica flore albo. Smilax levis. Aspera. Sonchus ceruleus. Solanum Ægiptiacum arborescens. Sparganium. Spartium. Spatula fœtida. Spina solstitialis. Stœchas. Stachis. Staphisagria. Stœbe communis. Capitata. Stramonium. Suber. Succisa.

Tamariscus. Tapsia Montis Ceti. Teucrium. Therebinthus. Thlaspi perfoliatum. Creticum. Umbellatum. Centumculi folio. Tilia arbor. Tormentilla. Trachelium. Trifolium trochleatum. Pinnatum. Acetosum. Tomentosum. Pes avis, Asphaltites. Genistæ facie. Hemorrhoidale. Fragiferum. Tussillago. Turritis. Valeriana Græca, muralis. Velar, seu irio et tortello.

Veronica. Viburnum. Mater Violarum. Viola Matronalis flore albo odore jasmini. Pentagonea. Tricolor. Bulbonach. Martis. Triphyllos. Vitis idæa. Ulmaria. Xanthium. Zarzaparilla.

Chap. XVII.

Des animaux qui se trouvent à Castres.

Pour les animaux qui se trouvent à Castres, outre
qu'il y a abondance de toutes bestes de chasse,
comme Cerfs, Sangliers, etc., il s'y trouve des Tais-
sons, Loutres, Herissons, etc. Et quand aux oyseaux et poissons, il y en a si grande quantité,
qu'on les prend à cette sorte de chasse et de pesche
qu'on appelle à lumenade, les allans tuër la nuit,
lors qu'ils sont endormis, et on en prend de cette façon
une quantité incroyable.

Il s'y trouve aussi parfois des Aigles, des Cigognes,
des Ostardes, des Butors, des Faisans, des Herons et
des Halcions.

J'ai dit ailleurs le grand nombre de Truites, Escrevices, etc., que porte nostre riviere ; mais j'avois laissé
à dire qu'on y trouvoit jadis beaucoup de Saumons,
comme il appert par plusieurs actes anciens qui l'a-
testent, disans mesme qu'on faisoit rente à quelques
particuliers de certain nombre de Saumons ; mais à
present il ne s'y en pesche que bien rarement, les
chaussées ou les sables les empeschans de venir jusques icy.

Et pour le reste des animaux qui y sont, on y trouve des Sansuës, des Salemandres, des Cerfs volans, et on asseure y avoir esté pris un Aspic et veu des Dragons volans, et depuis peu on print vers Mazamet le Serpent à deux testes appellé Amphisbæne, qui marche de tous costez, ce que le Poëte Lucrece a exprimé fort heureusement par le vers suivant :

Et gravis in geminum surgens caput Amphisibœna.

Chap. XVIII.

*Des monstres et choses prodigieuses et remarquables
arrivées à Castres ou és environs.*

PARMY les choses prodigieuses qui sont arrivées
dans Castres, ou à ses environs, merite de tenir
la principale place l'horrible assassinat commis le
15 juillet 1586, dedans la Ville de Viviers, en la personne de Madame Catherine de Sabatier (dont j'ai
parlé à la fin du premier Chap. du premier Livre), par
Jean Caul d'Escoussens (fils d'un Muletier), qu'elle
avoit eslevé jusqu'à le faire son Procureur. Ce mal-
heureux se voyant tancer tous les jours par la susdite
Dame touchant l'amour qu'il avoit conçeüe pour une
fille de grande maison, fut tellement aveuglé de sa
passion, qu'il creut de venir fort facilement à bout de
ses desseins, s'il faisoit mourir ceux qu'il estimoit
servir d'obstacle à ses amours ridicules; parquoy
s'estant resolu d'effectuer ses mauvais desseins, il fei-
gnit de vouloir aller à la campagne, et ayant prins
son harquebuse en frappa par derriere si rudement
la susdite Dame, qu'il la tua du premier coup, puis
allant vers sa fille luy bailla un coup d'espée sur la

teste et une estocade dans le corps. Il blessa aussi griefvement la belle sœur, et, pour demeurer maistre absolu dans la maison, alla meurtrir encore le fils de ladite Dame, qui estoit detenu malade de la pierre. Mais la justice Divine, qui ne laisse rien d'impuny, fit que la chambriere, qui luy estoit allée tirer du vin, ayant ouy les cris, appella les voisins à son secours, qui, y estans accourus et n'en pouvans venir à bout parce qu'il estoit barricadé, furent obligez d'appeller le sieur de Laurion, Gouverneur de Viviers, qui, y estant venu et s'estant approché de la maison, bien loing d'estre consideré de cet inhumain, il eut encore le cœur de le blesser griefvement ; mais quoy qu'il se deffendit, il fut obligé enfin à se rendre, et, estant conduit à Tolose, fut condamné suivant son merite à estre mis à quatre quartiers, la teste derniere, ce qui fut executé de point en point.

Cette espouvantaBle histoire m'en remet en memoire une autre qui ne cede en rien à cette-cy, arrivée le 23 janvier 1590 aupres de cette Ville ; en voicy le funeste recit.

Madame Marguerite de Sales, vefve de Messire Jean de Noël, Seigneur de la Crosete, Gouverneur de Castres, etc. (femme en qui la nature avoit fait un chef-d'œuvre de beauté), s'estant acheminée avec sa plus petite fille, nommée Charlote, et une chambriere mariée, vers une fontaine qui est prez du Chasteau de Tourene lez Castres, entre la Bruguiere et Montespieu, au bord de la riviere de Toret, persuadée à cela par un sien domestique nommé Jean de Girousens, qui, sçachant la passion qu'elle avoit pour les bonnes eaux, luy avoit dit que cette fontaine estoit la meilleure du pais (pour pouvoir executer en ce lieu secret le mal-heureux dessein qu'il couvoit depuis long-temps contr-elle, pour quelques legers mescontentemens qu'il en avoit receus), et les y ayant conduites, comme elle se courboit pour en boire, ce mal-heureux, poussé de l'esprit malin, tira un grand coutelas de deux pans et demy de long, qu'il avoit fait faire tout exprez, et luy en lascha un grand coup; mais elle, se relevant de la fontaine et voyant venir le coup, le receut sur son bras, ayant voulu mettre à couvert sa face; et comme elle vouloit parler pour tascher d'arrester ce desnaturé, il luy fendit le visage du second coup, et, suivant encore sa furie brutale, luy en bailla un troisiesme dans la cuisse, apres lequel elle tomba morte. A ce tragique spectacle, la fille s'estant jettée dans la riviere pour eschapper de sa fureur, il l'amadoüa et luy promit de ne luy faire aucun dommage; à quoy ayant trop facilement adjousté foy, elle ne fut pas arrivée prez de luy qu'il luy fendit la teste d'un seul coup, et puis, ayant poursuivy la chambriere, qui estoit enceinte, il luy en fit encore autant. Apres ce funeste carnage, il print la fuite, et, estant passé à la barque de Saix, il eut le temps de s'ecarter si loing qu'on n'a jamais peu apprendre de ses nouvelles, nonobstant toutes les diligences que les beaux fils de la Dame y employerent. Mais si la cruauté de ce domestique fut detestable, l'affection du petit chien de cette dame fut encore

plus digne d'admiration, car, ayant longuement lesché
ses playes, il fit tant d'allées et venuës, accompagnées
de cris et hurlemens pitoyables, vers le Chasteau de
ladite Dame, qu'il fit enfin remarquer ce qui en estoit,
et conduisit les domestiques au lieu funeste où gisoit le
corps de sa maistresse, des environs duquel on eut beaucoup de peine de l'arracher. Cette lamentable tragedie
ne fut veuë que par de jeunes Bergers qui estoient
de l'autre costé de la riviere, qui ne peurent les ayder
qu'à compatir à leur mal-heur par les cris qu'ils jet-
toient contre ce forcené pour tascher à le destourner
en quelque sorte d'une si estrange catastrophe.

Je n'ay pas voulu taire ces histoires, les ayant ju-
gées tres-dignes de memoire, tant à cause de la qualité des personnes, que pour la rareté, gravité et atro-
cité des crimes, et je les ay mises ensemble, à cause
des conformitez qui s'y rencontrent, car on y void
deux Dames vefves, toutes deux du voisinage de Castres, massacrées avec leur suite, par leurs propres
domestiques ; il n'y a que cette seule difference, c'est
que l'un fut puny par les hommes, et l'autre est ré-
servé à la justice Divine.

L'an 1563, la Peste ravagea tellement la Ville de
Castres qu'il y eut quatre mille morts, et ainsi acheva
presque de destruire ce que la maladie dite Coqueluche avoit espargné.

La Coqueluche, ou trousse-galand, selon Rondelet,
estoit une maladie epidemique qui venoit avec grande
defluction sur le gosier, et apres, venant à tomber sur
les poulmons, faisoit mourir plusieurs personnes hec-

tiques ; elle regna aussi l'an 1580, au rapport de Va-
leriola, en l'Appendice de ses *Lieux communs.*

L'an 1578, et le 19 juillet, dans Castres, la femme
de Carmanel de sainct Amans de Valtoret accoucha
d'un enfant qui avoit deux testes.

L'an 1594, tomba une pluye de Chenilles noires,
dont tout le Clocher et Cimetiere de sainct Benoist
furent couverts ; elles se changerent apres en une
multitude innombrable de papillons.

On a veu aussi naistre dans Castres un enfant qui
avoit deux langues, et un autre qui avoit du poil aux
parties honteuses le jour de sa naissance.

L'an 1603, la riviere d'Agout deborda tellement,
qu'elle passa sur le pont neuf de Castres et par toute
la rüe de Villegoudon.

L'an 1614, le 26 de May, il neigea à Castres si extraordinairement que la neige enfonçoit les toits, et y
demeura plus d'un mois sans se fondre.

L'an 1629, nous fusmes chastiez par le fleau de
Peste, qui fit de si grands ravages, que six mille
personnes en moururent, de sorte que la Ville fut
si desertée, que l'herbe creust en abondance parmy
les rües.

L'an 1631, il y eut une si grande disete que le bled
valut prez de dix escus le cestier, de sorte que les
paüvres tomboient morts par les rües, à cause de la
grande famine, qui les avoit reduits à manger le
som et les herbes des champs, comme les bestes.

Ils sont arrivez beaucoup d'autres accidens rares
à Castres, mais je les tais par briefveté, me contentant

de dire les suivans, qui sont plus merveilleux et plus nouveaux. A Boisseson de Merviel, les habitans asseurent qu'ils ont veu fort souvent dans une forest une Nymphe ou femme sauvage, vestuë d'une robe blanche fort plissée, ayant les bras et les pieds fort longs, et afferment qu'on trouve mesme les marques de ses pieds dans la bouë; et le sieur Seve, Huissier de Castres, estant envoyé audit lieu pour des affaires, fit rencontre de cette Nymphe, ce qu'ayant raconté aux habitans de ce lieu, on l'asseura qu'elle avoit accoustumé de se faire voir dans cette forest.

Il y a apparence que c'est un Demon, ou une des Fées du temps passé; les Magiciens les appellent des Sybilles, ou bonnes Dames, et les autres croyent que ce sont des femmes sauvages, pareilles à celles que Boistuau et autres disent avoir esté prises autresfois.

Quelques années auparavant arriva une histoire merveilleuse à un lieu dependant aussi de Castres, nommé Gibrondes; c'estoit un Magicien qui emportoit en l'air des enfans et des plats, et ostoit le verre des levres. On le voyoit voler en l'air avec estonnement; il emportoit les habits et les mettoit sur des arbres; il faisoit tant d'autres choses merveilleuses, que plusieurs personnes de Castres y furent pour rendre tesmoins leurs yeux de ce que les relations d'autruy n'avoient pu leur persuader.

Si cette histoire estoit merveilleuse, celle-cy, qui est de l'année 1643, ne l'est pas moins. Il y avoit un paysan à un lieu nommé le Bracadale, qui est à demy lieuë de Castres, qui, par un sortilege incroyable, voyoit consommer par le feu toutes ses hardes, bien qu'il n'eust laissé aucun feu dans sa maison; et mesme les linges moüillez s'allumoient non seulement par terre, mais mesme sur des perches, et dans ses coffres fermez à clef. Ce feu ennemy de son repos ne pouvant estre esteint par son contraire, j'estime que celuy qui voudroit donner raison naturelle de cet accident seroit bien en peine, s'il ne l'imputoit à quelques vapeurs de Naphte ou de Bitume enflamées qui sortoient de la terre, excitées par le fient des animaux, car on a veu sortir des flammes de divers estables pour la raison que je viens de dire.

L'an 1646, nasquit à la Bruguiere un enfant n'ayant qu'un œil, et estant sans nez, ayant par ainsi le visage tout uny comme la joüe.

Chap. XIX.

*Des Propheties de Nostradamus et Larrivey
touchant la Ville de Castres.*

AYANT remarqué quelques Propheties que Michel
Nostradamus et Larrivey ont laissées en faveur
de nostre Ville, j'ay creu que je les devois inserer icy;
chacun leur donnera l'explication qu'il jugera plus
plausible.

Nostradamus. Centurie 4, quatrain 44.

Lou gros de Mende, de Roudez et Millhau,
Cahours, Limoges, Castres, malo sepmano,
De nuech l'intrado, de Bourdeus un caillhau,
Par Perigort au toc de la campano.

Il y a apparence que ceste Prophetie fut accomplie
l'an 1629, auquel, dans une mesme sepmaine, la peste
et la guerre firent un tres-grand dommage, et mesme
le feu consomma une bonne partie de la ruë des Boursiers.

Centur. 10, quatrain 5.

Alby et Castres feront nouvelle ligue,
Neuf Arriens, Lisbon et Portuguez,
Carcas, Tolose, consumeront leur brigue,
Quand chef neuf monstre istra de Lauraguez.

Centur. 11, *sixain* 52.

La grand Cité qui n'a pain à demy,
Encore un coup, la sainct Barthelemy,
En gravera au profond de son ame,
Nismes, Rochelle, Geneve, Montpelier,
Castres, Lyon, Mars entrant au Belier,
S'entrebatront, le tout pour une Dame.

Larrivey, Centurie premiere, quatrain 69, et ailleurs, parle aussi des choses arrivées à Castres.

*Des accidens notables, comme prises et destructions
de Villes, Chasteaux des environs de Castres,
et autres choses remarquables, rangées
par ordre Chronologique.*

L'an 1002, il y eut dans Castres une si grande disette, que le bled, qui ne valloit auparavant que quatre sols le cestier, en valut 25. Cette famine fut suivie d'une maladie populaire, dite des Phisiciens (c'est à dire des Medecins, car on ne les appelloit pas autrement pour lors) *Morbus igneus*; elle commençoit par une pustule qui naissoit à la main gauche, et apres gagnoit par tout le corps; ils moururent de ceste maladie contagieuse 700 personnes de cette Ville. Cecy est tiré du livre des Obits que j'ay cité ailleurs.

L'an 1368, fut basty le pont neuf, n'estant auparavant qu'une planche, comme apert de la déliberation du Conseil général, retenue par Vitalis Sabatery, Notaire du Comte de Castres.

L'an 1562, cent habitans de Castres furent deffaits prés de Fregeuille, par Monsieur des Voisins, Seigneur d'Ambres, et par Monsieur de Roumens et autres. Mais peu de temps apres, ceux de Castres prindrent sur les Catholiques Puylaurens, Venez et Cuq, et firent executer à mort 80 soldats de Venez.

L'an 1565, le Presche fut dit à l'Hospital S. Jacques de Villegoudon, par Lettres Patentes du Roy Charles IX, signées de sa propre main.

L'an 1566, la riviere d'Agoust passa sur le pont neuf et emporta le couvert des moulin, la chaussée, etc.

Ceste mesme année, le Soleil parut sur la Ville de Castres sans aucuns rayons et environné d'un Arc en-Ciel durant trois heures.

L'an 1568, les Villes de Lautrec, Vielmur et Viviers furent prises sur les Catholiques par les habitans de Castres.

L'an 1569, furent pris sur le mesme party les lieux de Durfort, Saix et la Bruguiere, en revanche dequoy, ils prindrent le lieu de Fïac.

L'an 1571, il neigea durant un mois, de sorte que la neige enfonça quelques maisons.

L'an 1572, les Chasteaux de Lombers et de Roquecourbe furent pris sur les Catholiques.

Comme aussi le Chasteau de Lesert (appartenant à noble Jean de Noël, et à present à noble Marquis de Gep, Seigneur de Sauvian, etc.), qui fut destruit et bruslé, comme aussi l'an 1621.

L'an 1573, le lieu de Burlats fut pris par Monsieur de la Grange, et non par Monsieur de Roquebrune comme a voulu dire Dutillet.

Alors fut aussi pris Sorese et Montesquieu par le mesme party.

L'an 1574, apres la prise de Castres sur la garnison Italienne par Monsieur de la Grange (natif de Castres), comme les soldats de Realmont qui l'avoient assisté s'en retournoient en desordre, ils tomberent dans les embuches qu'on leur avoit tenduës prez de Venez, de sorte que 80 y furent tuez.

En ceste mesme année fut pris Sorese, Briateste, Autpoul et Roquefere sur les Catholiques, mais ils reprindrent ce dernier lieu tost apres.

L'an 1576, la Ville de Revel fut prise.

L'an 1577, fut pris le Chasteau de Padiez.

L'an 1578, fut pris le lieu de Dorgne.

L'an 1578, Sorese fut repris par les Catholiques, et puis repris sur eux, comme aussi Caucalieres.

L'an 1585, Henri IV fit son entrée dans Castres, accompagné de beaucoup de grands Seigneurs; et estant allé au Temple, et ayant ouy chanter le Psaume 72, qui commence :

> Tes Jugemens, Dieu veritable,
>   Baille au Roy pour regner,
> Vueilles ta Justice equitable,
>   Au fils du Roy donner, etc.,

il s'informa exactement du Chantre et du Ministre si ce Psaume avoit esté chanté à escient, ou si c'estoit qu'il fut venu de suite et par rencontre ; à quoy luy ayant esté respondu que la rencontre avoit esté telle, il profera ces paroles : J'en suis bien aise, et le prens à bon augure. Alors fut sa premiere entreveuë avec Mr. d'Ampville, en laquelle ils resolurent d'aller à S. Paul, ce qu'aucun Historien n'a dit.

L'an 1586, les lieux de Verdale, Padiez et Mont-pinier furent pris sur les Catholiques, qui reprindrent peu de temps apres les deux derniers, et le Chasteau de Tourene lez Castres, que le Sr. Jean Bissol, Sieur de Malacam, Conseigneur d'iceluy, avec le sieur Jean de Madiane, fait rebastir aujour-d'huy.

L'an 1587, 800 enfans de Castres furent tuez en un combat prez de Sieutat par le parti Catholique; il y mourut beaucoup de noblesse, parmy laquelle estoit Monsieur Paulin. Alors fut aussi pris le lieu d'Aut-poul par les mesmes.

L'an 1590, Monsieur de Montgomery print et brusla le lieu de Viviers.

En ce mesme temps se noyerent au port de Saix 60 personnes qui revenoient du marché, la barque s'estant enfoncée pour estre trop chargée. Comme l'an 1538, qu'il en arriva autant au mesme lieu à Monsieur de Montluc et autres grands.

L'an 1591, le lieu de Montfa fut pris sur les Catho-liques, Fiac par les Ligueurs, et Roquefere par le party Royal.

Pour lors y eut une grande sédition dans Castres contre Monsieur de Montgomery, à cause qu'il avoit frappé le sieur Dupuy, Notaire de Castres.

L'an 1592, 1500 hommes de Castres furent tués au lieu dit la Trape, pres de Lautrec, par Monsieur de

Joyeuse, apres quoy Monsieur de Chambaut, Gouverneur de Castres, luy fit lever le siege de Villemur, où ledit Joyeuse se noya avec beaucoup de ses gens.

L'an 1593, les saisons furent tellement renversées qu'on avoit au mois de Novembre des fraises, poires, pommes, feves, roses, etc., ce qui presagea la peste qui s'ensuivit tost apres.

L'an 1595, Monsieur de Ventadour vint tenir les Estats à Castres, et apres print le lieu de Montfa.

L'an 1614, la Ville de Castres achepta un grand champ de Monsieur de Roquecaude, prés la porte de Villegoudon, auquel Monsieur le Duc de Rohan fit complanter des allées d'Ormeaux et y fit faire un beau jeu de Mail pour le divertissement des habitans de cette Ville.

L'an 1621, fut coupé le bois de la Chartreuse de Saix, pour faire les fortifications de Castres.

L'an 1625, Monsieur le Mareschal de Themines fit le premier degast à Castres, et pour lors la Ville fit couper le bois dit de la Michonne, qui estoit prés la porte de l'Albinque, afin qu'il ne servit plus de retraite aux ennemis, comme il avoit fait auparavant.

L'an 1628, Monsieur le Prince de Condé fit le second degast à Castres, et print Réalmont, Brassac, S. Sever et Castelnau de Brassac.

L'an 1629, Monsieur de Ventadour fit le troisiesme degast à Castres.

L'an 1631, furent demolies les belles fortifications

de Castres, et les Consuls, College, etc., furent my-partis.

L'an 1638, en Septembre, la Cour ayant apris les necessitez des gens que le Roy avoit, pour chasser les Espagnols, qui estoient venus assieger Leucate, donna un Arrest portant qu'on feroit un notable effort, tant dans Castres qu'aux environs, et se sevra de l'argent de deux festins, qui luy estoient deus, revenans à 5oo escus, pour les employer à ce notable service, afin d'augmenter le secours et aiguillonner un chacun, par son exemple, à ne rien Espargner, de sorte que Monsieur Maistre Pierre de Roquairols et Monsieur de Rotolp, Sr. de la Devese, deputez, pour cet effet, aux lieux circonvoisins, assemblerent beaucoup de soldats, et tout estant ramassé, on fit un fort leste regiment de mille hommes, outre une compagnie de 5o fusilliers à cheval, que ledit Sr. de Roquayrols y mena de son Chef. Ce secours fut fort notable, et ne contribua pas peu à chasser les ennemis, en cette fameuse nuit, en laquelle ils furent deffaits devant Leucate.

L'an 1648, fut establie dans Castres une Academie illustre, composée de 20 personnes d'Erudition, où on discourt à fonds, tous les Jeudis, des matieres Philosophiques, et où on porte des discours tres-curieux, ce qui n'apporte pas peu de lustre et d'utilité à cette Ville.

Ce sont les memoires que j'ay jugez dignes d'estre mis dans ce Chapitre, n'y en ayant pas voulu repeter beaucoup d'autres que j'en ay rapportez en divers endroits de ce Livre.

Ceux qui desireront sçavoir les autres particularitez arrivées durant nos troubles depuis l'an 1560 pourront avoir recours au manuscrit exacte que feu Jacques Gaches, Bourgeois de cette Ville, en a laissé.

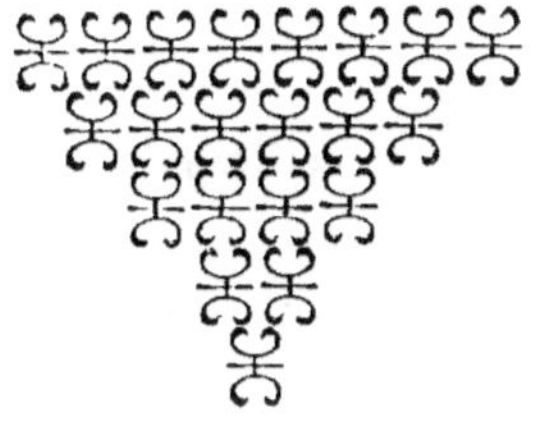

Des lieux qui sont à l'entour de la Ville de Castres,
à trois ou quatre lieuës à la ronde.

JE ne puis dire que peu de chose des Villes qui sont au tour de Castres, parce qu'elles ne sont pas grandement remarquables, mais neantmoins je ne passeray point sous silence ce que j'en sçay de notable et de curieux.

De Rebel.

La Ville de Rebel est ainsi nommée à cause du Roy Philippe le Bel, sous le regne duquel il fut augmenté, car il s'appelloit auparavant la Bastide de Baure, comme tesmoignent ces vers qu'on void encore sur la porte de la Ville, dite de S. Antoine, qui sont tels, et non comme les a baillez le Sieur Catel en son Histoire du Languedoc :

Quæ nova jam dudum, bauri bastida vocabar,
Dicta rebellus ero Regis honore mei.
O pater omnipotens, Rex Regum Trinus et Unus,
Da mihi perpetua prosperitate frui.

On lit aussi les vers suivans sur une autre pierre qui est à Revel :

Gallia dum gemeret, flagrantibus undique bellis
Pro aris atque focis, hæc mœnia structa fuere.

Cette Ville est fort jolie, tant pour avoir ses rues fort bien départies, une belle place couverte en forme de guirlande, et une rare fontaine au milieu, que pour les lieux de plaisance qui sont à l'entour d'icelle.

J'adjousteray en faveur des Apotiquaires, qu'és environs de Rebel se trouvent des Viperes.

De Sorese.

Sorese est un lieu à trois lieuës de Castres, prenant son nom d'un ruisseau appellé Soré; et en Latin *Soricinus,* ou *amnis soror*, ce que prouve une belle inscription en marbre trouvée en faisant les fondemens de l'Abbaye; elle est telle :

Soricini laudes cantemus Musæ callentes omnibus anteit eius ager, nisi flatu venti rigidi australis læduntur fructus amœni, ibi magnus Abbas præsidet religiosis. Cemeni montes vallant eius mœnia, fruges ibi, formosæ Nymphæ nive candidiores. Nomen dat urbi soror amnis, agros irrigans, ibi plantatur vitis alba, nigra relicta. Urbs antiqua, gaudet Rege Pipino fundata, manet in ævum, urbs lanifica fœlix.

Cette inscription fait voir que cette Ville est assez ancienne, et qu'elle fut fondée par le Roy Pepin, qui regnoit l'an 751.

C'est là qu'il y a une remarquable grotte, dite lou
Trauc del Calel, de laquelle a parlé le Sr. Fabry en
son Panchimicum, disant qu'on y void de tres-admi-
rables figures de marbre, naturelles.

De ce lieu est sorty Monsieur du Pressac, homme
illustre, tant pour ses ouvrages sur l'Art militaire que
pour ses actions genereuses.

De Puylaurens.

Puylaurens, à trois lieuës de Castres, est dit comme
qui diroit Puy de Lauriers, et mesme porte pour armoiries un Laurier; sans doute ce lieu en devoit estre
couvert avant qu'il fut basty.

De ce lieu est natif l'Historien Guillaume de Puilaurens, Chappelain de Raymond, Comte de Tolose,
le Livre duquel le sieur Catel a fait imprimer au
fonds du sien.

Il y avoit jadis à Puylaurens trois Chasteaux dont
l'un donne encore nom à une porte de la Ville.

De Realmont.

Cette Ville fut construite de nouveau l'an 1271, par
Ordonnance de Guillaume de Gourdon, Seneschal de
Carcassonne, agissant de la part du Roy Philippe III,
fils de S. Louys. Elle avoit esté anciennement sur
un Mont proche de ladite Ville, appellé maintenant
Puech Caylou, et fut aprés prise sur les Albigeois du
temps de la Croisade qui fut faite contre eux.

Ce lieu s'est rendu considerable par la production de quelques hommes illustres, car Corras et Beraud en estoient natifs; c'est le lieu où mourut, l'an 1566, Guillaume Rondelet, Professeur au College de Medecine de Montpelier, qui a composé un Livre docte en Medecine et un autre de la nature des poissons. Il mourut pour avoir mangé des figues mauvaises.

Ez environs de Realmont, y a une mine d'argent et une de Vitriol blanc.

De Roquecourbe.

Roquecourbe, qui est à une lieuë de Castres, est appellé *Rupes Curva* et *Castellania de Roquacorba*. On y void les masures d'un vieux Chasteau où quelques Comtes de Castres ont fait leur demeure. C'est une Ville dont les habitans s'occupent la plus part à faire des bas, bonnets et autres ouvrages de laine. Elle estoit bastie de sapin comme Castres, à cause de l'abondance qu'il y en avoit en ce païs anciennement.

Prez de Roquecourbe se trouve de l'ocre et de la pierre noire en abondance.

On a aussi remarqué de longue main que les habitans de cette Ville sont sujets à des charbons, qu'ils appellent lou malvat, et leur façon de les guerir est d'empescher de dormir le malade durant neuf jours, pendant lequel temps les parens du malade se vont rejouïr chez luy, tant à boire et manger qu'à chanter et danser, pour le garder de dormir. J'impute ce mal à ce qu'ils sont des premiers par les mains desquels passe la laine qu'on tire en ce païs des brebis mortes, à cause qu'ils ne se servent presque d'autre laine en leur lanifice : or, la plus part de ces bestes meurent de maladie contagieuse.

De Burlats.

Le lieu de Burlats est nommé *Villa de Burlato* et *Burlatum* par Bernard Guido. Il est enfoncé entre plusieurs montagnes qui abondent en plantes rares et utiles qu'on vient vendre, à Castres, aux Apotiquaires.

Prés de là, y a une montagne de difficile accez, dite à cause de cela la montagne de Paradis; elle est arrousée du ruisseau de Lignon, et est pleine de marbre et de plantes rares, desquelles je donneray un jour au public le catalogue, s'il plaist à Dieu.

Dorgne.

Dorgne est à deux lieuës et demie de Castres, et n'a rien de notable qu'une fontaine qui, outre qu'elle guérit de la gale et autres maladies du cuir, a le flux et reflux comme la mer; sur quoy nous pouvons dire que les Philosophes ont esté autant gehenez à en raisonner qu'Aristote à chercher la raison du reflux que l'Euripe a par sept fois en un jour; mais sans entrer en desespoir et s'y jetter dedans comme luy, l'art nous a fait voir cette merveille en des fontaines artificielles de fer blanc, et les Ingénieurs de ce temps ont trouvé sans y penser cette raison que les anciens n'avaient peu découvrir. Car on dispose une fontaine de fer blanc ayant un tuyau perpendiculaire au milieu, qui aboutit sur un bassin qui a un petit trou au centre, et on pose le bassin sur une aiguiere; de sorte que le bassin ne peut tant verser d'eau comme il en reçoit, et ainsi bouche le conduit de la fontaine; le bassin, apres, ayant mis le temps necessaire à se vuider, la fontaine reprend air, et verse de nouveau jusques qu'elle bouche derechef le bassin, et s'arreste comme la premiere fois, et cela continue ainsi toujours.

Prez de ce lieu de Dorgne, il y a une mine d'Orpiment.

De Lautrec.

Ce lieu est à deux lieuës de Castres; il est fort ancien, ainsi qu'on le peut juger par un ancien Temple de Ceres Eleusine qui y estoit, dit encore par abusion Montlausi, ce qui est au mesme lieu qu'estoit le fort Chasteau des Vicomtes de Lautrec.

Il y a une Eglise Parrochiale de sainct Remy fondée par Charlemagne, et un Convent de Cordeliers fondé l'an 1281, duquel le Chœur a esté basty par les maisons de Bearn et Foix, Navarre et Comenge, comme leurs armes qui s'y voyent en bosse le tesmoignent. Bertrand, Vicomte de Lautrec, leur fit aussi une pention de cent livres par an. On ny void aucun tombeau de considerable que le suivant, qui a esté transporté du susdict Sainct Remy.

Anno incarnationis Jesu Domini 1279. 3. *nonas Julii obiit Poncius de prato veteri, cujus anima. Requiescat in pace. Amen. et ipse fecit construere hoc sepulchrum anno quo supra.*

Il est à notter que Nic. Sanson, excellent Geogr., s'est pris garde que les peuples dits par Pline et autres *Cambolectri Atlantici* sont vers Lautrec, *Cambolectri Cononienses*, vers la Caune, et *Cambolectri heleuteri*, vers Alby, ce qui n'apportera pas à mon advis peu de jour à descouvrir les antiq. de ce pays.

Il s'y trouve du Marbre et des Limaçons marins blancs et noirs, petrifiez, en tres-grande quantité. On les tire à coups de marteaux d'un Rocher qui est proche de la Ville ; les gens de ce lieu les appellent de pardons. C'est une chose bien estrange qu'és lieux esloignez de la mer comme celui-cy, la nature produise du coquillage ; et on ne peut dire sur ce sujet, sinon que quelque constellation apte à la generation de ces coquilles fait là le mesme effet que sur la mer, mais à faute d'eau salee elle ne les produit pas en vie ; ou il faut dire que ce lieu à jadis esté mer, ou que le deluge universel laissa en cet endroit ces limaçons, qui s'y sont depuis petrifiez par la succession du temps.

De Caucalieres.

C'est un Chasteau prés de Castres, ou il y a de belles grottes naturelles, et de congelations, comme aussi une quantité incroyable de croye blanche excellente.

Dauterive.

C'est un Chasteau ancien, à une lieuë de Castres, qui fut pris par le Comte de Tolose, l'an 1226, selon Guillaume de Podiolauro.

De S. Amans.

Ce lieu est à quatre lieuës de Castres, sur le chemin de Montpelier; il s'y trouve du Talc, et une montagne si haute, qu'on en descouvre la Mer Mediterannée, et dans le lieu y a des fours ou on trouve une infinité de serpens en plein Hyver.

De la Bruguiere.

C'est une petite ville distante de Castres d'une lieuë, où on trouve des Marcassites, et charbon de pierre le long de l'eau, à une arquebusade de la Ville. On dit aussi qu'en cette Ville fut trouvé un serpent ayant une pierre Cristalline en forme de pyramide sur la teste.

De Lombers.

C'est un lieu ancien, d'où sont sortis de vaillans hommes. C'est là que mourut Laurens Joubert, Professeur en Medecine et Chancelier en l'Université de Montpelier, l'an 1582.

Je trouve aussi que ce fut le refuge de ceux qu'on appelloit les bons hommes, qui furent condamnez par un Concile tenu à Alby l'an 1176.

De Guitalens.

Prés de S. Paul, dit de Cap de jous, c'est à dire *de*

capite Jovis, est un lieu, dit Guitalens, touchant lequel m'ayant esté communiqué un memoire ancien qui fait voir l'origine de son nom, je n'ay pas voulu manquer à l'inserer dans ce Chapitre.

Interea Carolus Rex (c'est à dire Charles le Chauve) *in sylvam vaurensem et pagum albiensem illi adjacentem mittit mille quingentos equites et quinque millia peditum, qui casas, mansos, villas, oppida multa et aliquas curtes funditus everterunt et sine delectu viros et fœminas trucidarunt, captivos tanquam perduelles patibulo affixerunt, et dum magna strage facta reditum parabant, Galdoinus Episcopus Albiensis junctis copiis cum Alphonso Vabresio seniore Mandeburgico Castrensi Montanorum, in Carlovienses Vagantes et incautos irrupserunt et in transitu vadi Morini fluminis Acuti, ad internecionem deleverunt, ita ut pene omnes, aut ferro, aut fluvio, aut suspendio perierint, et ex inde Vadum Morinum novam accepit denominationem, et hodie in memoriam suspensionis nostrorum vocatur vadum Talionis. Ex manuscripto Odonis Ariberti anno* 844.

Par ce memoire il appert comme Guitalens s'apelloit le Gué Morin auparavant et fut apres appellé Gué de Talion, et apres, par corruption, Guitalens, parce qu'on rendit en cet endroit la pareille à cette armée qui avait fait beaucoup de mal à ce pays.

De Roquecesiere.

Ce lieu est dit du mot *rupes Cæsaris,* et on a trouvé depuis peu la harangue qui fut faite à Jules Cæsar, mais je ne l'ay peu encore recouvrer.

Il y a plusieurs autres lieux aux environs de Castres desquels je pourrois parler, mais pour esviter la prolixité, je les passeray sous silence, remettant à ma seconde impression à en traiter plus au long, me contentant de dire pour le present qu'il y a de si excellens Artisans en plusieurs des lieux susdits, tant en fer qu'en autres matieres, qu'on leur vient achepter de bien loin toutes sortes d'outils, à cause de leur bonté particuliere.

Et pour faire la fin, je diray comme nous avons à nos environs des lieux de plaisance dépendans de Castres qui sont tres-delicieux, les uns naturels, et les autres par artifice, entre lesquels sont Gayx, place de Messire Louys de Cardaillac, Comte de Vieules, qui n'a pas de pareille pour les beautez naturelles, et le lieu de Crins qui est à Grauliet, appartenant à Mr. le Comte d'Aubijous, pour les merveilles de l'Art, car on y void tout ce que l'artifice à peu suggerer de rare aux Ingenieurs touchant les inventions hydrauliques, et les plus excellens jardiniers y ont laissé à la posterité leurs chef-d'œuvres, je veux dire tous ces beaux parterres, labyrintes, planchers naturels, berceaux et cabinets, qui donnent tant de satisfaction à tous les sens, qu'on seroit en peine de dire quel est celuy de tous cinq qui en reçoit plus de volupté.

FIN.

RECUEIL DES INSCRIPTIONS

*Romaines et autres antiquitez du Languedoc,
et de ses environs, qui n'avoient point esté
encore imprimées.*

ARCE que plusieurs Inscriptions antiques et autres remarques notables me sont tombées entre les
mains, qui n'ont point esté données au public par
Poldo, Grasserus, Catel, n'y autre antiquaire qui ait
escrit du Languedoc, et parce que je sçay que plusieurs en tirent de grandes utilitez pour l'intelligence
des Autheurs, comme le témoigne le Commentaire de
Levinus Torrentius sur Suetone, les œuvres de Lipse,
de Lacerda sur Virgile, et autres qui s'en sont tres
utilement servis, jay creu que je les devois inserer icy,
veu que les pierres de la pluspart estans perduës,
leur memoire s'effaceroit entierement de celle des
hommes.

De Nismes.

La Ville de Nismes est fort ancienne, car elle fut
bastie par Nemausus, fils d'Hercule, à cause dequoy
quelques uns l'ont nommée Heraclea ; puis les Romains
y ayans envoyé une Colonie qui avoit esté en Égypte,

ils y bastirent beaucoup de superbes édifices, comme
la maison quarrée, tour Roumagne, c'est-à-dire tour
Romaine, et le Pont du Gard, affin de faire venir à
Nismes un torrent qui representast le Tibre, voulans
rendre Nismes semblable à la Ville de Rome; aussi y
avoient ils fait un Capitole et un champ de Mars. Et
en memoire de leur Colonie ils mirent sur le Pont
du Gard une teste voilée pour representer la Deesse
Isis, mais on ne void en tout ce magnifique Pont
d'autre inscription que ces trois lettres : A. E. A.,
et firent battre beaucoup de medailles, où on lit ces
mots : Col. Nem., c'est à dire Colonia Nemausensis,
sur la figure d'un Crocodile attaché à un Palmier, pour
representer le païs d'Égypte, d'où ils venoient.

On void aussi à Nismes l'Amphiteatre le plus entier
de tous ceux qui restent; il y fut basti 88 ans apres la
Passion de Jesus-Christ, à sçavoir du temps de l'Empereur Hadrian, qui l'edifia en memoire de son fils
Antonin le debonnaire et de Plotine sa femme, en
quoy se void l'erreur du peuple, qui asseure que les
pierres fenduës qu'on y void se fendirent de la sorte
lors que Jesus-Christ patissoit sur la Croix, veu qu'il
n'estoit pas encore basty, et les deux visages qu'on
void au revers de la medaille susdite peuvent le confirmer, veu qu'ils representent Antonin et Verus,
freres, avec cette inscription : Imp. D. F., cét à dire,
Imperatores divi fratres, comme ils sont qualifiez dans
les loys Rom., ce qui montre evidemment la faute de
ceux qui interpretent *Col. Nem. Colligavit nemo,*
entre lesquels est Paradin, et expliquent le revers en

faveur d'Auguste *Imp. D. F.*, *Imperator divi filius.*

Voicy maintenant les inscriptions que j'ay peu ramasser touchant cette Ville, qui ne sont point imprimées ailleurs :

1. L. Letius Marulius liiiil. Vir. Aug. et Decur. Ornam. V. F.

2. T. Jul. Nicostrati, Julia Nice Fratri Pientissimo.

3. D. M. Sex. Jul. Sex. F. Vol. Nundini F. de Optati. Fratris et Juliæ Optatæ Sororis Alex. et Marcion, et Evangelia Lib.

4. D. M. C. Munni Euphemi Sex. Caratiu   nesimus et Cambaria chrysante amico optim.

5. D. M. Satulli Hospitis Faustina Uxor.

6. D. M. Vediæ Musæ.

7. C. Caselli Vol. Pompeiani Præf. Fabr. liil. Vir. jur. dic. Præs. Vig. et arm. Antoniæ Titulæ Uxori.

8. D. M. Attiæ peculiaris. q. Julius Attianus Matri optim.

9. Iiiiil. Virg. Aug. L. Valerio Vol, Philumeno. Cartario.

10. Hortensiæ L. F. Honoratæ, Sulpicia. Q. F. Honorata. Matri piissimæ.

11. M. Allius Vitalis testamento rogatus.

12. Octavio Servato.

13. D. M. Ulpiæ. M. Fil. Theodote C. Pantuleius Anatellon et M. Ulpius successus heredes Fœminæ Karissimi exempli.

14. D. M. Luciliæ. L. Filiæ secundillæ P. Actetius Saturninus. Uxori Karissimæ quæ Secum Vixit

annis. xx. H. M. H. N. S. Secundilla salve, Lucilia
luget.

15. D. M. T. Æmilio diodeti Senucia Maxima Marıto
optimo et Karissimo et pientissimo.

16. D. M. I. Valerius primi. T. Jun. Triptosæ Viva
Fec.

17. D. M. T. Terti Pauli Primigenia Aurelia Uxor
T. Tertius Verecun. Lib.

18. D. M. D. Passoni Paterni Sex Passon. Paternus
Patri Optimo et Severia Severino Marito Karissimo.

19. L. Julio. Q. F. Volt. nigro. liil. Vir. Ab. Aer.
liiiil. Vir. Aug. Cor. Nemausens. L. D. D. D.

20. Paterno. Sextilii. Fil. et Armiliæ Phæbe Aturi.
Paterni.

21. L. Elidonto Titullino Elidonia Hygia Uxor.

22. D. M. Titiæ amabilis M. domitius... Aprilis
Uxori optimæ.

23. Jul. D. F. Marsella Viva, sibi posuit.

24. Dis manibus. Ti. Comini Asprenatis.

25. D. M. C. Julii. veri vatini Callitychæ marito de
se bene merita.

26. D. M. Pusoniæ Pedulæ P. Pusonius Pedo Alum-
nus.

27. D. M. Q. Cæcilio. Ruffino P. Faustæ Cragonis
F. M. Q. Cæcilio Faustino F. Q. Cæcilius Nundi-
nus Parentibus, uxori, filio, sibi.

28. Q. Cæcilio Nundino. Sytyche, uxor restituit.

29. Sattiæ Mirtales Maximia Calvina matri.

30. Calvini Mirtaloris Maximia Calvina Patri.

31. D. M. liiiil. Vir. Aug. C. Vetti Ermetis Julia
Euscina uxor.

32. D. Pompeio Homuncioni Patri. Q.

33. liiil. vir. Aug. T. Kari sotrichi Serana uxor.

34. D. M. LL. Aponiani Qui vixit Ann. X. M. 6. D.
11. Macria primula soror Pientissima fratri.

35. Sex. Adginnius solutus et Adgenia licinilla Parentibus.

36. D. M. Cn. Pompeii. Primitivi Firmia Helpis Marito optimo.

37. Diis manibus C. Seni Pyrami Ti. Occia Perigrina
Sibi et viro. V. F.

38. C. Vafrio. L. F. Vol. Lussori. Q. Col.

39. D. M. Sex porcii Severi Sex. Por. Bacchylus
Amicus.

40. D. M. Aurelia Cressentina Conjugi Vl. Prodito
Cum quo Vixit annis XI. posuit.

41. D. M. T. Messi Belini V. S. P.

42. D. M. Secundinæ Primi. F. S. Propertius Epapra
uxori.

43. D. M. Blaisiæ Sex lib. Hygiæ.

44. D. M. Arethusæ Charis. Contubernal.

45. Sexto melio Honorato Filio.

46. D. M. Tertii Sammil. Vol. rari Q. Nem. et decur.
et sammiæ Atticiæ uxor et Hortentii Fil. T. F. 1.

47. liiiil. Vir. Aug. Thitullus Sibi et Saturnæ utatæ
fil. Matri. V. F.

48. Valeriæ Q. F. Sextinæ Flam. Aug.

49. D. M. Tertii Pompei Materni Civis rei Julia at-
tici L. Marito Optimo et sibi viva posuit.

50. D. M. Lucio Julio Nicandro P. Recilia mene jane conjugi incomparabili posuit.

51. Memoriæ Liciniæ Decumanæ Sex. Licinius Irrinæus uxori et Licin. Titullus Matri.

52. Dis manib. Sex Domit. Sparsi F. Sex. N. Gamus. L.

53. Dis manibus. Valeriæ Valeri fil.

54 D. M. 1. Sabini Quintiliani L. Attecius, Cornelianus Mærens.

55. Attiæ Euphemiæ Quæ V. an. VI. M. V. Attius Epaphroditus Libert. Dulcissimi.

56. D. M. L. Juli Nigrini L. Julius peculiaris Libert. Optimo et Pientissimo.

57. D. M. Erotis L. Julii. Juliani Terph. He Contubernalis.

58. D. M. Valeriæ Octaviæ Valeria Vera Filiæ Pientissimæ.

59. Pediæ Helpios Pedia Filina Fil. matri Pientissimæ.

60. Juliæ Honoratæ Rustica. T. F. Honorata mat.

61. D. M. Zoës Cæcilia Helpis filiæ Piissimæ et substitutus Contubernali suæ.

62. D. M. Publiciæ Aphrodisæ Sex. Junius Paulinus Vxori Karissimæ.

63. D. M. Vinuciæ Montani F. Servatæ C. Quintil. Eutychus Vxori Optimæ.

64. D. M. Cuius Dedicationem et Clupei suixi dedit.

65. Fulgur Conditum Divom.

66. Olo Nemauso Marius Paternus Propatri V. S. L. M.

67. Mnemosine melodes. L. Julius Justus Contub.
68. Riburiæ Suavis Sibi et suis T. F. I.

Au Vicomté d'Usez.

69. *Sex Pompeius. 1. cognomine pandus*
Quojus. et. hoc. ab. avis. contigit. esse solum
Ædiculam. hanc. numphis. posuit. quia sapius ussus.
Hoc. sum. fonte. senex. tam bene. quam. Juvenis.

A Chasteau Renard.

70. Ab. Trib. mil. Cor.

En Arles.

71. D. M. Dulcissimo et Innocentiss. Filio. Tannonio.
qui vixit. an. VI. M. VI. D. VI. Tannonius. Et
Valeriana parentes filio Carissimo et omni tempore
Vitæ suæ desiderantissimo.
72. D. M. Cæciliæ D. Erpuliæ Designatæ. Col. Dea.
Aug. Vol. ann. xiiii. mens. ii. D. V. Maritus. Uxori
piissimæ.
73. D. M. Ætoriæ glyceræ Ætorius Hermes conjugi.
74. D. M. T. Valeri Dionysi Valeria Caris. uxor. et
Valeri Marcellus et Felicio patri piiss.
75. Memoriæ æternæ.

Tirant d'Arles à S. Remy.

76. D. M. Metiliæ Protidis Matri Birbilitan Lucinæ.
77. M. Severius M. J. Fabulator flam. Rom. et Aug.

liiil Vir. Pont. Col. Rei. Or. Apolinar. Sibi et
Careiæ Carei. Fil. Pater Tiæ Optimæ uxori.

78. M. Frontoni Eupor. liiiil. Vir. Aug. Col. Julia
Aug. aquis sextis Nauicvlarum. Mar. Aurel. Curat.
ejusd. corp. Patrono nautarum. Druenticorum et
clarior. corp. Ernaginensum Julia Nice uxor Conjugi Carissimo.

A Narbonne, sous le pied d'estal d'une Statuë.

79. Gemo Patroni.

80. C. Marulius. C. F. Pap. Rufus Umber ex decuria
licterum viatorum quæ est. Fecit sibi et suis.

81. ..*Tibi prætervo redeat feliciter amnis*
  Semper et ex facili una regatur ope
 Et duræ mortis sacratos lædere Manes
  Ecce monent leges et levis umbra rogi.

82. Nec jussa testamentum neque voce rogata,
 Sed pia pro meritis sponte sua posuit.
 P. Licinius. S. ulla H. M. H. N. S.

83. Q. Ubius. Q. F. maximus Capito L. F. P. R. II.
vir. aram Volcano Maceria Q. aram. sapiendam pis-
cinam. Q. IX. D. D. de pecunia publica facienda
cur. Q. Vbius Q. F. Maximus probavit.

Fragment.

84. ... *nec duro jam doleas obitu*
 Nec tibi nec nobis æternum vivere verum
  Quod pueri occidimus fata quærenda putas

Dum sis in vita dolor est amittere vitam
Dum simul occidimus omnia despicias
Orbem sub lege si habeas dum vivis ad ortum
Quid valeat nulla est divitis ambitio.

85. D. M. Et memoriæ æternæ Juli Zosimi juvenis innocentissimi qui vixit annis XXX. M. I. D. III. sine ulla animi læsione melius Zosimus pater infelicissimus amissione ejus deceptus et sibi vivus po. et sub ascia dedicavit.

86. D. M. Milui et memoriæ æternæ Cornelio victori vet. leg. XXII. Cornelia Paulina conjugi carissimo qui vixit annis. XXXX. sine ulla animi læsione ponendum Curavit et sub ascia dedicavit.

87. D. M. P. Primius Electianus. P. Primi Cupit. Lib. qui ut haberet Vivus sibi posuit et sub Ascia dedic. domui æternæ.

88. D. M. Et quieti æternæ Cœrialiæ Aulinæ conjugi Karissimæ M. Julius Fortunatus et sibi Vivus. Ponendum Curavit et sub Ascia dedicavit.

89. D. M. Quieti æternæ. T. Cassi Lucinuli mercator. Cessor. et Cassia veratia filio dulcissimo Et sibi Vivi Posterisque suis fecerunt Et sub Ascia. D. D.

A Sernhac.

90. Philippus Architectus Maximus hic situs est.
91. Julius Valeriani mil. XX. Britannic. Ben. Aug. Militavit ann. X. mens. VII. Dies XXV. Vixit ann. XXXI. mens. V. Dies XXV. S. Julia. Jul. Filio Sanctissima fatis et sibi Viva.

92. Sanctitati Jovis et Augusti. sacrum Licinius Cæsti. F.

A Beʒiers.

93. M. Julio Philippo Cæsar Nobiliss. Juventutis. Sept. Principi Bæterr.

94. Beryllus esse lib. xx. nat. Crœc. ann. xxv. nonas conjunx. Vir. B. Mer.

De S. Giles.

Sainct Giles, ancien sejour des Roys des Goths, est appellé *Civitas Ægidiensis*, ou *Sancti Ægidii*, et anciennement Heraclea, selon Pline, l. 3, c. 3, parce qu'on dit qu'elle a esté fondée par Hercules.

D'autres l'ont nommée Gothia, comme on le void dans Robertus de Monte, et Septimania, selon Nitardus, l. 2.

D'autres ont voulu attribuer à Nismes le nom d'Eraclea ; mais il est fort aisé de leur monstrer leur erreur, veu que les Autheurs mettent cette Heraclea près du Rosne ; or sainct Giles en est plus prés que Nismes, et par consequent est le vray Eraclea, à quoy le grand Antiquaire Poldo s'accorde dans son Livre des Antiquitez du Languedoc.

Cette Ville fut fondée 590 ans avant Rome, c'est à dire l'an du monde 4440.

On y trouve encore, tant au dedans qu'au dehors, des marques fort considerables de son antiquité. Dans la Ville, il y a quelques masures d'Amphitheatres, et beaucoup de tombeaux, avec Epitaphes Latines et Gothiques. Il y avoit autresfois en ce lieu un rare Temple des Payens, à trois estages, duquel on a emporté les ouvrages Mosaiques et Colomnes de Jaspe et Porphire à Paris, pour l'ornement du Palais du Cardinal de Richelieu.

Prez de la Ville est la forest dont l'une partie est nommée la Seuve Goudesque, c'est à dire *Sylva Gothica*, et l'autre *Sylva Spirana* ou Despeiran. D'autres l'appellent toute ensemble *Vallis Flaviana.*

Cette Ville est non seulement superbe pour son antiquité, mais aussi pour les hommes illustres qui en sont sortis, comme le Pape Clément IV et autres.

Elle fut ruinée par Bamba, Roy des Goths, comme il se trouve dans un manuscrit ancien, et leur fureur est cause que beaucoup de choses remarquables s'y sont perduës. Voicy encore quelques restes des Epitaphes qui estoient hors la Ville.

1. D. M. Cattiæ bæticæ M. suæ L. Jul. Cattius Cominius conjugi incomparabili.

2. Piriciolo filio Vernacius pisanus.

Diis manibus.

3. Pompeiæ diocenæ Æmilius Severinus erat sorori rarissimæ.

4. Memoriæ æternæ miti.

5. Hic Sancius Pisanus Fracardi filius requiescit.

De Monpelier.

Monpelier a esté basti des ruines de Substancion,

qui est l'ancien Monpelier; de Maguelone et de La'es, ville antique que Pline appelle Laterra. La petitesse du Consulat de Monpelier témoigne sa nouveauté, et au contraire celuy de Lates et autres lieux démolis à ses environs estans fort grands, prouvent leur antiquité.

Montpelier estoit une montagne pleine d'arbres qu'on appelle Melaises, et en vulgaire, Meué, comme à remarqué Dortoman en son livre des Bains de Baleruc, et plusieurs maisons en estans basties, cela confirme cette opinion. Cette montagne estoit fermée de murailles et au verrouil, à cause dequoy quelques uns croyent que son nom vient de Mons et de Pessulus, c'est à dire Mont verrouil, ce que le mot vulgaire Peila, c'est à dire fermer, confirme, d'où peut estre venu le nom de Montpeilier, c'est à dire fermé, se rapportant ainsi au nom Latin.

Les autres disent qu'il vient de Montperier, à cause qu'il est pierreux, ou Montpuelier ou Puellarum, à cause des belles filles qui y sont en abondance, ou à cause que cette montagne fermée fut baillée en dot à deux sœurs. Daneau l'appelle Agathopolis et d'autres Agatha et Monspessulanus.

Cette Ville est fort fameuse, à cause de l'Université de Medecine qui y est, et qui a esté tousjours remplie de tres-habilles hommes depuis sa fondation, qui fut l'an 1196, par le Roy des Isles de Majorque et Minorque, et commença par les Arabes; mais, selon Ranchin, elle est encore de beaucoup plus ancienne.

Cette Academie peut estre dite la Reyne des Academies, tant à cause de son antiquité, renommée, et lustre, que pour les illustres personnes qu'elle a produites. On y void des escoliers de toute l'Europe, et elle a esté honorée des Patentes des Papes et Roys de France, qui mesme le plus souvent n'ont voulu d'autres Medecins que de ceux qui sortoient de cette fameuse Université, comme on peut voir par le Livre de M. de Ranchin et par les harangues de M. Courtaud contre les Medecins de l'Université de Paris, au fonds desquelles se voyent des vers que je rapporteray icy, tant parce qu'ils parlent du lustre de l'Université que parce qu'ils comprenent une Etymologie nouvelle du nom de Montpelier.

Agatha floret studio medendi,
Oppidum ponto gelido propinquum,
Cui novum parvus titulum dedit mons,
Lanus et amnis.

Les hommes les plus illustres qui ont esté en cette Academie, et dont nous avons des ouvrages, outre Avicenne et Averroës, qu'on croit y avoir professé la Medecine, sont Arnaud de Villeneuve, Gordon, Guy de Cauliac, Fumée, Jo. de Tornamira, Valescus de Taranta, Falco, Schiron, Fontanonus, Rondelet, Rabelais, Joubert, Hucher de Belleval, Dortoman, Saporta, Dulaurens, Ranchin et M. Riviere, qui en est à present professeur.

Quand aux inscriptions et autres antiquitez de Montpelier, il y en a fort peu, et encore estime-je qu'elles y ont esté transportées des Villes anciennes qui furent démolies à ses environs.

On void à la paroy qui est hors la porte de Lates, au bord du fossé, cette inscription :

M. M A R I V S O M.

Ce qui peut faire croire que *Caius Marius* a esté en ce pays du temps qu'il bastissoit Aiguesmortes, qui, à cause de cela, est nommée *Fossæ Marianæ*.

Au Theatre Anatomique, on void plusieurs antiquitez, à sçavoir, à l'entrée, deux Lyons devorans, l'un un homme et l'autre une femme, le tout de marbre blanc.

On y void aussi une Chaire de Preteur de pareille estoffe et une statuë d'un homme aveugle conduit par deux filles, qui est vray semblable estre Homere que ses filles conduisent, selon cette inscription fruste Grecque qui paroist sur son pied d'estal :

O M H.

Toutes ces pieces remarquables y furent mises par feu François de Ranchin, Chancelier au College de Medecine de Montpelier, qui estoit fort curieux des antiquitez.

On void en outre d'autres pieces antiques par la ville, à sçavoir des Aigles Romaines de marbre blanc prez le grand Temple et le Palais, et un homme conduisant deux levriers. A la ruë de l'argenterie il y a aussi quelques inscriptions antiques, au Jardin de Monsieur Gariel, Chanoine, qui est homme sçavant et fort curieux de l'antiquité.

Il y a aussi un chemin dit de la mounede qui vient de *Via munita*, lequel mene vers Nismes, et on void sur ce chemin quelques antiquitez.

Prez de la porte dite le Pila sainct Giles estoit anciennement un Cimetiere des Juifs, où se voyoit cette inscription Hebraïque sous un Harpocrate :

Lescouchanethor.

On void aussi dans Montpelier, au logis du tapis verd, un ancien pilier de marbre sur lequel y a quelques armoiries notables.

A un Cimetiere hors la ville j'ay aussi remarqué un tombeau eslevé, tout couvert de fleurs de lis, que j'estime estre de quelqu'un de la famille Royale de France.

Pour faire la closture de ces inscriptions antiques, j'en mettray ici une, trouvée depuis peu, fort avant dans une montagne qu'on coupa, à 6 lieuës de Geneve, pour faire un nouveau canal.

Cæs. Imp. Trajano. Hadriano Aug. P. M. trib. pot. cos. III. P. P. Aventicum. I. XXXXI

De Carcassonne.

Quoy que Grasalius et Besse, sur les memoires de Bernard l'Estellat, Chanoine, ayent traitté de cette Ville au long, je ne laisseray pas pourtant d'en parler, parce que j'espere de raporter en peu de paroles ce qui s'en peut dire de notable, et mesme quelques particularitez qui ne se trouvent pas dans leurs Livres.

Cette Ville s'appelloit anciennement Atax, prenant
ce nom du fleuve Atax, cet à dire Aude, qui, selon
Mela, l. 2, c. 5, passe au pied de la montagne Noro,
qui est à 3 lieuës de Carcassonne, du costé d'Aquilon,
et se rend prez de S. Amans. Ce fleuve prend son
nom de l'oiseau Atax, qui a quatre pieds, et se trouvoit jadis le long d'iceluy, et le mont Noro signifie,
en Hebrieu, posé en lieu haut, ce nom lui ayant esté
donné du temps de Samothes, fils de Japhet, qui vint
en ce païs l'an 2093 avant Jesus-Christ, comme a remarqué Louys Pasqual en la partie 1 de son Tableau
des Gaules; et ayant habité quelque temps le long de
ce fleuve, sa Colonie, qui fut appellée les Atacins,
alla fonder le bourg Atax, qui est Carcassonne, où
passe encore une partie dudit fleuve d'Aude, dans le
canal nouveau qui luy fut fait.

Et apres, à sçavoir 550 ans avant la fondation de
Rome, ce bourg fut fermé de murailles de petites
pierres quarrées, dont on void encore quelques restes.

Apres quoy (selon les archifs de Carcassonne) une
Colonie Troyene estant venuë en ces quartiers, elle
s'habitua parmy les Atacins, et fit bastir en faveur
de son Roy le Chasteau qui y est encore à present,
où elle fit l'Arcenal de ses dards, dont il reste encore
grand nombre audit lieu, et pour lors cette Ville fut
dite *Carcasso Anchisæ*, et fut dediée à Apollon.

D'autres donnent encore d'autres noms à Carcassonne et d'autres Fondateurs, ce qui se peut tout accorder aisément, si on considere qu'une Ville ancienne estant souvent augmentée ou rebastie, change

de nom et prend celuy de son Restaurateur. Ainsi il peut estre vray qu'il a pris nom d'un Colonel nommé Carcas, qui fut envoyé par Assuerus avec quatre autres pour peupler le Languedoc, ces quatre ayans donné leurs noms à Narbonne, Agde, Besiers, et le vieux Montpelier, ce qui se trouve conforme à l'Escriture Saincte en l'Histoire d'Ester, et aux Archifs de ladite Ville.

D'autres le font venir d'un Geant nommé Carcas, et d'autres d'une Dame Sarrasine appellée de mesmes, qui est representée en pierre sur la porte dudit lieu, de laquelle Dame il est parlé dans l'ancien Roman en vers dit le Palais des Nobles Dames.

Et d'autres le font encore venir du mot Hebrieu Carcan, c'est à dire grace, ou present.

Elle fut enfin appellée Gazagothorum, à cause que les Goths y apporterent toutes leurs richesses, pour la conservation desquelles Alaric, leur Roy, y fit bastir les hautes murailles de la Cité, et 60 grosses et fortes Tours, entre lesquelles y en a une plus grosse que les autres, où il mit les precieux meubles Mosaïques, richesses, Livres et actes Hebrieux, tant sur le papier de coton que sur la toile, qu'il avoit apportez de Rome et que les Romains avoient pris du Temple de Salomon, comme j'ay dit ailleurs, à cause de quoy cette Tour est dite encore la Tour du Thresor; mais ce Thresor fut apres transporté la pluspart à Ravenne et le reste jetté dans un puits qui reste encore. On voit encore pourtant parmy les Archifs, des actes et Livres de raisons Hebrieux. De ce Thresor est parlé dans Procope, Livre 3 de la Guerre des Goths, et dans Josephe, Livre 8.

Les choses notables de cette Ville sont que Charlemagne y fit bastir une Eglise Cathedrale et Philippe III, dit le Hardy, fils de S. Louys, fit fermer de murailles la Ville basse, l'an 1276.

Prés de Carcassonne fut donnée une fameuse bataille, de Luyba, Roy des Visigoths, contre Gontran et Aribert, fils de Clotaire; en laquelle, selon Roderic, Archevesque de Tolose, les François perdirent 60 mille hommes, et Luyba demeura paisible Roy de Gothie.

Apres quoy Charlemagne ayant eu pour partage l'Aquitaine et Gothie, chassa les Goths de Carcassonne et fonda plusieurs Eglises de ce pays, et entre autres, celle de S. Nazaire, et y establit un Siege Episcopal, en faisant Evesque Roger, puis assiegea Narbonne, et fonda l'Abbaye de la Grasse et erigea divers Comtez, et entre autres Torsin, son parent, pour Comte de Tolose, et fit Narbonne Duché, luy sousmettant les Comtés de Castres et de Carcassonne, selon Chassanée, Livr. 5, *Consid.* 46, *de Gloria mundi.*

De ce lieu estoit natif *Terrentius Varro*, fameux Poëte et Philosophe, *Gothofredus*, qui a fait un Livre *de Amoribus*, et plusieurs autres grands personnages.

ROOLLE DES PRINCIPAUX CABINETS

curieux et autres choses remarquables qui se voyent eʒ principales Villes de l'Europe. Redigé par ordre Alphabetique.

Parce que la plus part de ceux qui voyagent passent en diverses Villes sans voir les raretez qui y sont, pour avoir ignoré qu'elles y fussent, j'ay dressé ce petit recueil en leur faveur.

Avignon.

Les Cabinets de Mr. Testacy, de Mr. de S. Remé, de Mr. Ribere ou Ribenc, Medecin, de Mr. Henry le Beau, de Mr. Desanobis, du sieur Giles Barre, Chirurgien Italien, et de Mr. Gonis, Advocat.

Angers. Le Secretaire de Mr. l'Evesque d'Angers, celuy de Mr. Chaudet l'Apotiquaire, de Mr. Ossan, Aumosnier de Mr. d'Angers (qui est considerable, principalement pour les Medailles), et celuy de Mr. Menard, Prestre seculier, où il y a beaucoup de tableaux et Livres rares.

Agen. M. Girardin, Chanoine de l'Eglise cathedrale, et celui de l'Abbé de Flamarens et du Port saincte Marie.

Aix. Mr. Espagnety, Conseiller; celuy de Mr. Perier, Abbé de Guistre et Conseiller, et celuy de Mr. Borilly, duquel les principales raretez sont énoncées dans le Mercure François, parce qu'il fut visité par le Roy Louys XIII, en memoire dequoy il luy donna le Baudrier de son sacre.

Entre les rares choses qu'on void chez luy, il y a un Cyclope et une pierre, qui pese 5o livres, qui tomba du Ciel et brusla long-temps la terre et les pierres de ses environs.

Arles. Mr. Agard, Me. Apotiquaire.

Anduse. Mr. Jean, Me. Apotiquaire, commence un cabinet de curiositez.

Anvers. Les Sieurs Gaspar Gervatius, Jacobus Edelheer et François Gouban.

Alby. Mr. de Ludos, Evesque d'Alby, a beaucoup de tableaux et Livres tres-rares.

Le sieur Estienne Trapas, Chanoine de S. Salvy, a ramassé 3oo tableaux exquis, 3000 Volumes, la pluspart rares, beaucoup de Manuscrits, Tailles douces curieuses, coquillages, médailles, reliefs antiques, etc. Mr. Couplet, Peintre de Mr. l'Evesque d'Alby.

Auch, en Gascogne. Mr. Bedou.

Arserac, en Bretagne. Mr. le Marquis d'Arserac.

Abbeville. Mr. de Launay.

Amsterdam. Le magasin des Indes.

Autun. Mr. Thomas, Chantre et Chanoine en l'Eglise de S. Lazare, curieux de medailles.

Basle. Mr. Iselem, et le cabinet de feu Fœlix Platerus, docte Medecin.

Barcelone. Don Alphonso Perez, Professeur en Philosophie.

Bourdeaux. Le cabinet de feu Mr. Trichet, Advocat; celuy de M. le President Charron, pour les Livres, celuy de Mr. le President Daffis, des Chartreux, et du sieur Maugrain, Marchand.

Bruxelles. Otto Zulius, Jesuite.

Blois. Mr. Morlieres, Me. Orologeur. Le Jardin du Roy.

Besiers. Mr. le Juge Garnier. Mr. de Cabrairoles, sieur de Villespassans, Juge Criminel. Mr. Rousset, Prieur, et Mr. Petit, Ingenieur.

Beaumont de Lomagne, en Gascogne. Mr. Falese, Bourgeois.

Bergerac. Mr. Brun, Me. Apotiquaire.

Bologne. Le cabinet de feu Ulysses Aldrovandus, Medecin.

Basas. Monsieur Cosage, Gentil-homme.

Chaunes. Mr. le Duc de Chaunes.

Castelnaudarry. Mr. Pierre Jean Fabry, Medecin Chimique.

Cahors. Mr. Dominici. Mr. Baudus, Advocat, jadis Conseiller au Presidial. Mr. Marselian, Bourgeois.

Carcassonne. M. de Puechnautié et Mr. Charmois, Secretaire de Mr. de Schomberg, qui a beaucoup de beaux tableaux originaux.

Castres. Mr. Me. Pierre de Fabry, Procureur General en la Chambre de l'Edict. Mr. Jean Alegre, Advocat fort curieux de Livres, Carthes geographiques, miroirs, etc.

Les curieux verront aussi dans Castres un excellent tableau du Titian sur le bois (appartenant à Mr. Me. Paul de Juges, Conseiller du Roy en la Chambre de Castres), qui represente une femme nuë qui se peigne et un Eunuque qui luy presente un miroir. Et chez Mr. de la Gasquerie une espée fort large d'acier de Damas, gravée l'an 320 de Jesus-Christ, c'est à dire depuis 1329 ans, suivant cette inscription, qui se lit sur sa lame en lettres anciennes dorées :

Nec vis Herculea me terruit unquam, dum Constantini magni firmarem Imperium. Theogonias, 320.

Et au revers :

Utrique nomen peperi, et Alexandro magno, et maximo Cæsari.

Sous cette inscription, y a un escusson couronné party d'un Eschiquier et d'une demie Aigle.

Il y a aussi des inscriptions sur la poignée, mais elles sont modernes, y ayans esté mises lors que le sieur de la Gasquerie, à qui elle appartient, luy fit faire ladite poignée.

Chartres. Mr. le Grand Archidiacre.

Clermont de Lodeve. Mr. d'Aussatières, Bourgeois.

Craco, capitale de Pologne. Nobilis Georgius Oslenisky.

Delfe, en Hollande. Mr. de la Riviere, Ministre.

Sainct Denis. Le Thresor de S. Denis.

Dreux, en Perche. Mr. Caillé, Chanoine de l'Eglise de S. Estienne, qui est dans le Chasteau.

Dijon. Mr. Figean, Maistre des Comtes, et Mr. Boyer, Conseiller au Parlement, qui est curieux de Livres rares.

Einckiusen, en Hollande. D. Paludanus, Chirurgien.

Florence. La Galerie du Grand Duc.

Figeac. Mr. de Pradines, pour les Venins et Antidotes.

Geneve. Mr. le Baron de Seve. Mr. Petitot, Medecin. Mr. Fromen, Horologeur. Mr. de Hersy, Bourgeois. Mr. Rival, Orfevre. Legaré, Orfevre. Mr. Rebour, Bourgeois. Mr. Estienne Pelet, Sculpteur, et la Piemante dit Pournas.

Grenoble. Mr. Scarron, Evesque de Grenoble, et Mr. L'Aigneau.

Huesca, en Espagne. Dom Vincentio Juan de l'Astanosa, Segnor de Figuaruelas.

Leyden. Le Theatre anatomique.

Limoges. Mr. Croisié, curieux de plantes et fleurs rares, et Mr. Lafon, Medecin.

Lisbone, en Portugal. Le magasin des Indes.

Lyon. Mr. de Lierges, Lieutenant Criminel. Braguete, Operateur Italien. Mr. Pontus, Bourgeois. Mr. Gras, Medecin. Mr. Le Beau, Mathematicien. Mr. l'Advocat du Roy, et Mr. le Conservateur.

Londres, Capitale d'Angleterre. Monsieur le Duc de Bouckingan, Jean Tredesquin, à la maison des oiseaux.

Lavaur. Mr. l'Evesque de Lavaur.

En Lithuanie. Le Duc Ratzivil.

Montpelier. Le Cabinet de feu Mr. François de Ranchin, Chancelier de l'Université, et celuy de feu Laurens Catelan, Apotiquaire, le premier pour les antiquitez et le second pour les choses naturelles; le Cabinet de feu Mr. de Teillan, Conseiller, pour les Medailles et Statües; celuy des Jesuites; celuy de Mr. Gardel, Notaire, pour les medailles, etc., et celuy de Mr. Maigret, Bourgeois, pour les medailles, poissons et coquillages, et le Jardin du Roy.

Marseille. Mr. Cormier, Advocat, et Mr. Vias, Bourgeois.

Montauban. Mr. Thomas, pour les Livres, et Mr. Pierre de Jehan, pour les raretez et plantes.

Mantouë. Le Duc de Mantouë.

Mont Marsan en Gascogne. Mr. Dulamont, Maistre Chirurgien.

Mende. Mr. de la Grange, Gentil-homme.

Moissac. Mr. Jean Chambert, Chanoine de S. Pierre.

Naples. Mr. Ferrante Imperato, Medecin.

Narbone. Mr. Graindorge, Medecin, qui a acheté celuy de feu Mr. Leonard, Advocat; Mr. le Baron de Fabresat, qui a acheté celuy de Mr. Garrigues; Madame de Sorgues, le tableau du Lazare qui est dans une Eglise.

Nantes. Mr. Guillemin, Maistre Apotiquaire.

Nuremberg. Hanfin off. Patritius.

Nismes. Le Cabinet de feu Mr. Paladan. Mr. Calviere, Mr. Tournier, Mr. Cassagne, Conseiller au Presidial, qui a celuy de feu Charles Cassagne, Medecin;

Mr. Guiranaussi, Conseiller. Il y a aussi un Amphitheatre à Nismes, et autres antiquitez.

Nancy. Mr. Rignol Bourgeois, curieux des miroirs et perspectives.

Ochsford. Le Cabinet public.

Orleans. Mr. Tardif, Chanoine de saincte Croix.

Pau, en Bearn. Mr. de Lussan, Medecin.

Paris. Le Cabinet du Roy, celuy de Mr. le Duc d'Orleans, la salle des antiques, celuy de Mr. Gau pour les antiquitez, celuy de Mr. de la Brillere et du sieur Gabarry pour la peinture, celuy de feu Mr. du Moustier, de M. Petau, Conseiller, de feu Mr. Pré de Segle, de Mr. Robin, Chirurgien, et de Mr. Conard pour les coquilles et fleurs, des trois Messieurs de Morin, de Mr. du Val, Medecin, de Mr. Bachelier pour les plantes, de Mr. Nicolai pour les papillons, de l'Abbé de sainct Ambroise, de Mr. Nodin, Chirurgien, de Mr. Pescher, de Mr. Nodin, Apotiquaire, de Loiselier Magnin, de Tribou, du petit Patissier vis à vis de S. Germain, de l'Abbé Lumagne pour la peinture, de Mr. Henry, Brodeur et Valet de chambre du Roy, de Mr. Mousseau, President au Grenier à sel, de Mr. de Liancourt pour la peinture, de Maistre Estienne, Sculpteur Genevois, logé au fauxbourg sainct Germain, de Mr. de Villiers, Marchand de la rue S. Denis, de Mr. de Bretonvilliers, et de Mr. Feydeau, Chanoine de N. Dame.

Pesenas. Mr. Bourrier, Medecin.

S. Privas, près de Nismes. Le Cabinet et machines de feu Mr. de S. Privas.

Poitiers. M. Constant, Maistre Apotiquaire, curieux des plantes et serpens, Mr. Raffou, Medecin.

Plermel, en Bretagne. Le Lieutenant du Roy.

Pise. Le Magasin de la Ville, où il y a un tronc de Xilaloë pesant cent livres.

Pamiers. Mr. de Claverie, Advocat, curieux des fleurs rares.

Rome. Le Vatican, le Cabinet de la Marquise Justiniano, de Franc. Angelanus, et du Prince à Ludovisio.

Rhodez. Mr. l'Evesque de Rhodez et Mr. Veiriere, Lieutenant Criminel, curieux de Livres.

La Rochelle. Mr. Flanc, Ministre, Mr. Hamelot, Medecin, et Madame Moriceau, curieuse de coquillages.

Rouillac. Mr. le Marquis de Rouillac, curieux de papillons, etc.

Saumur. Mr. Liger, Maistre Apotiquaire, Mr. le Clerc, et Mr. d'Huisseau, Ministre.

Sarragousse. L'illustre Sieur Dom Francisco Ximenes de Urreca, Chatelain du Roy d'Espagne et Cronologique d'Aragon.

Seles, en Berry. Mr. de Bethune.

Sorese, près de Castres. Mr. Bonery, Camerier de Sorese.

Savinhac, en Roüergue. Madame de Savinhac.

S. Brieu, en Bretagne. Mr. de Beauchamp.

Sgneguien, en Pologne. Mr. l'Arch. de Sgneguien.

Tours. Mr. Aubin, Mr. Girard, Escuyer, Mr. de

Viliers, Conseiller au presidial, curieux de plantes et de fleurs, et M. Buysard, Bourgeois.

Troyes, en Champagne. Mr. Bonhomme, Chanoine.

Tolose. Mr. Me. N. de Puimisson, Conseiller, curieux de medailles et tableaux. Le cabinet de François Filhol, Hebdomadier de l'Eglise Sainct Estienne. Mr. Clemens, Chanoine de S. Estienne, curieux des fleurs. Mr. Catel, Official. Mr. Paucy, Conseiller. Mr. de S. Ipoly, pour les esmaux anciens. Mr. Roc. Le cabinet de feu Domairon, Cordelier. La Bibliotheque enchaisnée des Cordeliers. Mr. de la Bourgade, Chanoine. Mr. Dirat, Sacristain de S. Estienne. Mr. Charles Pradié. Mr. Boutonnier. Mr. de Fresals, Conseiller Clerc. Mr. du May. Mr. de la Combe, Audiencier à la Grand Chambre, et Mr. Nicolas Choisy, marchand.

Targos, en Catalogne. L'Hermite de Targos.

Venise. Il Venermino, Le Thresor de S. Marc.

Verone. Mr. Pena, Me. Apotiquaire. Calceolarius, aussi Apotiquaire.

Valence, en Espagne. Mr. Ribaldo, peintre.

Vane, en Bretagne. Le Baron du vieux Chastel.

Villefranche de Roüergue. Mr. Durand, curieux de medailles.

Xaintes. Mr. Samuël Veiret, Me. Apotiquaire, et Mr. Ruvion.

☙❧

CATALOGUE

Des choses rares qui sont dans le Cabinet de Maistre
Pierre Borel, Medecin de Castres au haut
Languedoc.

Edition 2, augmentée de beaucoup.

INSCRIPTION QUI EST SUR LA PORTE DU SUSDIT CABINET, S'ADRESSANT AUX CURIEUX.

Siste gradum (curiose) hic enim orbem in domo, imo in
Musæo, id est microcosmum seu rerum omnium rariorum
Compendium cernes, in eo stans regiones omnes momento
lustrare poteris, cæmeterium forsan vocabis, cum multa ca-
davera contineat, sed dic potius campos Elisæos, ubi
mortua felici tranquillitate fruentia reviviscunt vel licita
necromantia resurgunt, vel dic Herculis trophæa hic jacere,
cum serpentum exuvias, ossaque gigantum videas, hic tibi
Dei et naturæ opera lubenter demonstrantur, hic multa
quæ ars affabre finxit tam liberalis et mechanica quam
chimica, hic res suas exoticas America, et sua monstra tibi
pandit Africa, ast hic ferocitatem deposuerunt, videbis
enim fine noxa basiliscos serpentes, dracones, remoras, la-
mias, et gigantes, hic mare tibi pisces suos rariores, aer
aves, ignis opera, terra mineralia offerunt, hic fructus pe-

regrinos multos cernes quos inconstantia maris furto lau-
dabili è partibus ignotis orbis, constantes reddidit, et ex
ignotis notos, hic viscera terræ et aquæ panduntur, uniones
et adamantes in matricibus suis tibi offeruntur, hic tandem
rara multa antiquitatis monumenta.

quæ nec Jovis ira, nec ignes,
Nec potuit ferrum neque edax abolere vetustas.

Hæc omnia parvo in loco continentur, et sine chao pisces
aerem habitant et inimici junguntur, hæc omnia, ut et quæ
sequenti continentur catalogo, videbit curiosus qui huc ac-
cedere dignabitur.

Grandiaque effossis, mirabitur ossa sepulchris.
Proverbes, chap. 24, vers. 4.

Par science les Cabinets seront remplis de toute
chevance pretieuse et delectable.

Raretez de l'Homme.

L'OMOPLATE où os de l'espaule d'un Geant, pesant
trente cinq livres et ayant quatre pams de haut et
sept de large. Un monstre à 2 testes.

Deux dents de geant, grosses comme la moitié du
poing. Des pièces de Mumie ou corps embaumez des
Egiptiens. La pierre de gravelle. La peau, Crespine
ou coeffe qui envelope les enfans dans le ventre.

Des bestes à quatre pieds.

Un Crocodille, long de neuf pieds. Un grand Lezard

des Indes, long de quatre pieds. Une belle Tortuë de Catalogne. Un chat à deux testes. Une grande corne noire, ridée et un peu courbée, longue de quatre pams, que les uns disent estre du Pacos, animal qui porte le besoard, les autres de gaselle, et les autres de licorne Ethiopique. Le Crane d'une beste incogneuë, ayant les sutures eslevées en forme de creste. Deux autres sortes de Tortuës. Une hermine. Une corne d'agneau d'Ethiopie. Une corne de Chamois. Une piece de vraye corne de Licorne. Dents de Licornes minerales. L'os du cœur du Cerf. Des pierres de Besoard. Du Castoreum. Du pied d'Elent. De grandes dents de Sanglier. Des espines de Porc espi, entre lesquelles y en a de fort longues et une de triangulaire. De corne de Rhinocerot.

Des Oyseaux.

Un Phœnicoptere ou Flamand, oyseau rare, haut de neuf pams, et qui a le plumage de couleur de feu. Le bois ou s'engendrent les Oyes d'Escosse, qui naissent de la pourriture des navires, l'aisle et le bec d'un de ces oyseaux. Le bec de l'oyseau poche ou cueiller. Le bec de la Cigogne et de l'oyseau de Paradis, de la Gruë et du Phœnicoptere, qui est fort gros et fait en crochet. Les griffes d'un Duc Royal et d'un Aigle. Un crane de poule monstrueux. Un œuf d'Autruche. Une peau de Vautour. De plumes de plusieurs oyseaux rares des Indes, comme poules de Guinée et autres. Une piece du nid des Halcions. Trois fort grandes ongles d'oyseaux rares.

Des Poissons et Zoophites de mer.

L'espée de mer ou bec du poisson Empereur, dit Xiphias, ayant quatre pams de long. La scie de mer, longue de trois pams. Le Zigæna Libella, Balista, Marteau de mer ou poisson Juif. La queuë du Renard de mer ou Ramard, longue de 7 pams. Un veau Marin. La teste d'un Dauphin. La coquille et teste d'une Tortüe de l'Isle saincte Helene, ayant quatre pams de long et 3 de large.

Un porc de mer, dit Capriscus. Autre porc de mer, dit Centrina ou Humanthin. La Torpille, poisson rare qui engourdit la main du pescheur. La Remore, qui arreste les navires. Le Lievre de mer. Le Chat de mer.

Le Rat de mer. Le Coq de mer ou Charpentier, poisson duquel les os représentent tous les instrumens d'un Charpentier. Une piece de la peau de la Balene. La peau du Chien marin. Une coste de Balene. Une plume ou membre viril de mer. Un Concombre de mer. Un Homar ou grande Escrevice marine, ayant chaque pate plus grosse que les deux poings. Une Langouste de mer. Un Malermat ou poisson du vent, dit ainsi parce qu'il se tourne tousjours du costé qu'il fait vent, mesmes estant mort. Une petite Cigale de mer. Autre Cigale de mer, dite Nympha ou tettix. Un Scorpion de mer. Un cœur de mer, dit Brissus ou spatagus. Un os de l'espine d'un Dauphin. Un Diable de mer ou Galanga. Une ongle de Chauvesouris de mer. Trois sortes d'esponges naissantes ou en fleur. Plusieurs Estoiles de mer, petites et differentes. Une fort grande Estoile de mer. Autre, dite Soleil de mer. Divers Herissons de mer grands et petits, avec espines et sans espines. Trois espines, longues comme le doigt, d'un poisson rond fort rare apporté de la terre saincte. Une Grenade de mer. Des Hermites de mer de diverses sortes. Une dent de Lamie, blanche comme Ivoire et toute dentelée à l'entour. Des stincs ou Crocodilles terrestres. Deux dents d'un grand Cheval marin, grosses comme le bras et longues presque d'un pam. Une bague de mesme matiere. Divers Cancres grans et petits. De grandes dents de poissons de riviere. Deux trompettes ou aiguilles de mer différentes. Du sperme de Balene. Divers Hippocampes ou petits chevaux marins entiers. Des Couteaux de mer. Une machoire de poisson à plusieurs rangs de dents mousses. Un poisson appellé une Damoiselle de mer. Petits poissons, dits Croix de mer, qui semblent de pierrettes rondes, grises, ayans comme une estoile par dessus et un pertuis par dessous.

Deux meres Perles, ou Nacres de la mer Méditerranée, dont l'une contient plusieurs perles qu'on void en leur matrice. La mere Perle de la Mer Oceane.

Deux coquilles dites Conchæ cælatæ, qui ont par tout l'esclat des perles Orientales. Autres brutes, c'est à dire sans polir. Un gros Limaçon perlé et représentant toutes couleurs. Un gros limaçon tacheté de noir comme jayet, et le reste estant de couleur de vraye perle. Un autre assez gros tout tacheté de verd et de couleur de perle, et un autre de mesme grosseur qui est de couleur de perle, et a deux rangs de taches vertes qui semblent des Esmeraudes, et un cercle de couleur de lait en ligne spirale. Autre gros perlé ayant une ceinture noire aussi en ligne spirale. Deux autres petits, dont les taches noires sont si bien rangées qu'un Geometre n'y sçauroit observer de plus belles proportions. Une belle coquille assez plate et longuette, retirant au genre des chamas, qui est encor plus esclatante et rare que toutes les precedentes, n'y ayant point de pierre pretieuse qui soit si belle, ny de couleur qu'elle ne represente. Concha umbilicata, grande coquille qui finit en forme de nombril. Conchilium, grande coquille rare. Concha cylindroides, coquille faite en forme de cylindre, et qui naturellement est tres bien tabisée. Concha imbricata, grosse coquille qui semble un toit, estant comme couverte de tuiles rengez l'un sur l'autre. Divers buccinums, grands et petits, ou coquilles des Tritons de plusieurs especes. Porcelaines ou Conchæ venereæ de diverses sortes, grandes et petites, marquetées, et entr'autres une tachetée comme de picote, une autre grise et une finissant en limaçon, autres fort agreablement tachetées, et autres de fort blanches ; approchant cette coquille à l'oreille, on entend le bruit de la mer. Une fort grande et belle Porcelaine servant de gondole, et une autre mediocre tres-rare, et couverte naturellement de Characteres Hebrieux, Syriaques, Grecs, Latins et de toutes autres langues. Pinna bissifera, grande co-

quille nacrée et rouge dedans comme sang, longue de
trois pams et large d'un. Un peu de la soye de mer
qu'elle porte. Petits Pinnas de mesme forme. Un gros
Limaçon long, blanc, ayant des lignes rouges et
noires. Deux oreilles de mer, coquilles qui ont la couleur des perles et ressemblent aux oreilles humaines,
et mesmes sont pertuisées naturellement. Une coquille dite remore, ou vray nautile ayant la figure
d'une Galere. Une coquille petite, blanche, environnée
de bossetes. Autres, dites Tigres de mer, tachetées de
points noirs et roux bien rangez. Autres, dites rats de
mer. Coquilles dites couteaux de mer. Diverses coquilles rares, sans nom. Coquilles dites Entali et
Dentali, qui sont la logete de certains vers; les unes
semblent de petites cornes, et les autres de trompettes. Chamæ, sorte de coquilles. Pectoncles grands
et petits, et plusieurs autres petites coquilles tres-rares.
Autres petites de toutes couleurs et marbreure, et
mesmes de transparentes. Turbines ou sabots de mer
divers. Murex marmoreus, ou pourpre; c'est une
grosse coquille pesant neuf livres qui ressemble dedans à du marbre blanc. Deux Murices triangulaires,
ou autre espece de pourpre rougeastre dedans, et couvert de grosses et longues pointes. Plusieurs petits
pourpres aussi couverts de pointes tres aiguës. Toutes
coquilles communes de mer et de riviere, comme
moules, huistres, etc. Coquilles tres petites de plusieurs façons, dites à Agde du Babotum. Coquilles
dans les cavitez d'un roc qui n'en peuvent plus sortir,
s'y estans augmentées en grandeur. Autres enchassées

dans la pierre. Autres petrifiées. Coquilles dites pantheres à cause de leurs taches rousses. Lepades ou œils de bouc, qui sont des coquilles faites comme une terrine. Deux coquilles ayans un bec crochu et fort polies dedans. Des coquilles armées d'espines ou deffenses. Limaçons de mer de toutes sortes, et de blancs comme neige, de fort longs et de tachetez en tres bel ordre. Coutoyes de Bourdeaux. Coquilles striées, rugosæ, et d'autres eslabourées naturellement et ouvragées de diverses sortes. Rochers de coquilles naturels. Limaçons ayans un trou profond en vis comme un nombril. Limaçon dit Pentedactilos. Turbines auriti. Concha longa. Concha echinata. Tellines ridées, une oublie de mer, une coquille dont les taches sont la figure d'une fleur de Lys, et une boiste de petit coquillage rangé en forme de fleurs et autres figures.

Autres choses marines.

Plusieurs sortes de féves de mer; ce sont les portes de certains limaçons, et mesme j'en ay dans leur matrice. Pila marina ou paume de mer. Bourses ou matrices de mer, rousses et noires. Rose ou œillet de mer. Unguis odoratus, coquille de la mer rouge. Corallines diverses. Tous Coraux. Soye de mer. Ambres divers. Bechuts. Mousses marines. Raisins de mer. Ossements de Sepia.

Insectes et serpens.

Un serpent des Indes marin. Un Dragon ou serpent volant escailleux, long de quatre pieds. Une piece de la peau d'un serpent qui estoit long de quatre canes et gros comme un homme. Un Basilic. Deux ongles et la dent d'un Dragon, du sang du Dragon. Plusieurs raretez touchant les insectes, Papillons rares, limaçons terrestres, et autres choses. Stercus lacerti, qui sert de fard. Deux Salemandres. La despouille des serpens et du crapaut. Plusieurs Cerf-volans, l'insecte licorne.

Des plantes, et premierement des bois et racines.

Une petite cane ou jonc d'Inde. De la cane qui porte le Sucre. Un Guy de chesne tout entier, auquel on void le bois du chesne qui s'y tient. Du Iouca, racine dont les Indiens font le pain. De l'ebene en tronc. La rose de Hierico. Le vray Cassia lignea, ou cinamome des anciens. Le vray bois d'Aloës. La terra merita. Deux racines, se perçans et traversans naturellement. De toutes sortes d'autres bois et racines qui sont au rang des drogues, comme guayac, sarsapareille, costus, imperatoire, angelique contraierva, zedoaria, gingembre, etc. Du bois de la Chine tout damasquiné naturellement. Des sandaux. Du bois Nephritique, qui, mis dans l'eau, la rend de toutes couleurs. Une racine marine noire semblant une grosse chenille qui a plusieurs pieds.

Des fueilles.

Trois mille plantes en herbier sec, et rengées par

ordre alphabetique, et en outre : le Fungus stellatus, plant animal, fait en forme d'estoile, et reluisant la nuict, duquel j'en ay plusieurs. Le matagot, herbe des sorciers. Le cedre du Liban. Toutes les lunaires. La fueille et fleur de cane d'Inde et palmier. L'Herbe divine ou thea, qui, infusée dans du vin et donnée à boire, fait qu'on se passe longtemps de dormir sans incommodité.

Des fleurs.

La fleur de jacea pinea, qui semble une pigne. La fleur de la passion. La fleur de Muscade. Les fleurs Eternelles, ou stechas citrin.

Des gommes et liqueurs.

Toutes gommes des boutiques, et entr'autres celles de Gaiac, gomme laquebdellium, mirrhe, storax, benjoin, euphorbe, etc. Le vray baume.

Des semences ou graines.

Toutes semences des boutiques, et en outre : La graine de fougere, Bamia moscata, qui est faite comme la semence de mandragore, et qui sent fort bien l'ambre si on la masche. La graine de l'herbe porte soye. Le vray persil de Macedoine. La graine qui déferre les chevaux qui luy passent dessus. La graine de storax. Le bled des Indes. La graine de cane d'Inde.

Le grand Milium solis, nomé lachryma Jobi. Les lu-
pins en leurs gousses. La graine de jacea pinea, aroma-
tica, et autres rares.

Des fruits rares.

Un fruit des Indes tout noir, fort dur et espais, ayant
l'ouverture et la forme d'un sabot, de la grosseur de la
teste. Un autre fruit des Indes de mesme grosseur,
mais moins espais, ayant une grande ouverture comme
un bonet, et environné de lignes et lettres ou figures
roussastres qui semblent des Characteres Chinois. Le
Cabassena ou Melon des Indes. Une grande Feve des
Indes avec la gousse et des grains separez d'icelle. Les
pois des Indes de mesme grosseur, aussi avec la gousse.
Trois nois des Indes ou cocos qui sert à tous usages ;
elles sont fort grosses : l'une comme la teste, et est
avec son escorce ; l'autre est tirée de l'escorce, et la
troisiesme est mise au tour et sert de bouteille. Des
chatagnes de mer de diverses especes. La chatagne de
Canada. Le fruit qui porte le coton. Beaucoup de sali-
gots ou tribules de mer, qui sont noirs et couverts de
pointes. Le faufel ou noisettes des Indes. Un fruit de
Turquie appellé Caphet ou Fagara. Des pisum corda-
tum ou pois des Indes tous noirs, ayans chacun sur
soy un cœur blanc. La noix muscate environnée de
son macis. Les noix muscates masles ou longues.
Autre fruict ressemblant fort à une noix muscate. Le
cocos de Maldive. Le Carpobalsamum ou fruit du
baume. Plusieurs fruits incognus de diverses especes.

Le fruit du Palma pinus, ou pigne des Indes. Deux acajous qui sont de fruits qui semblent de rognons. Des pignons des Indes. De fort gros gerofle. Des faseols des Indes, des figues d'Inde. La pomme de Mandragore. La semence de Guanabanus. Une grande quantité de petits fruits divers et estrangers, enfilés ensemble. Un fruit rare, long, de couleur de bois. Autre fruit rare de couleur de chastagne, plat, longuet et ovale. Autre qui retire aussi à la chastagne. Autre ayant dessus comme un cachet en forme de croissant. Autre en forme de figue, mais ayant une escorce fort fibreuse et espaisse, et dedans un noyau comme un pignon d'Inde. Autre fruit estranger vestu d'un herisson tres-dur, et ayant un noyau dur comme un caillou, et blanc dedans comme neige.

Autres fruits et semences.

Les pois de la Chine de toute grosseur. Le poivre long, blanc, noir, et de Guinée en sa gousse. Courge couverte de verrues. Millets rares, blanc, noir et autres. Uvæ amomi. Jujubes. Gousses de l'arbre de Judas. Les carrouges. Les oranges des Indes. Les palmites. La coloquinte. Tous les cardamomes. Baccæ orientales. La casse entiere. Les pistaches, noix vomiques, noix metelles, behen, sebestes, anacardes, cubebes, tamarindes, etc.

Des mineraux et premierement des pierres.

Un beau chandelier de Cristal pesant six livres.

Deux chaines d'Agates, jaspes, et cassidoines. Le rocher des vrais Diamants, où il y en a d'attachés. Le rocher des diamans d'Alançon, et autres faux. De grosses Turquoises de vieille et nouvelle roche en forme de dents. Divers cristaux polis, sans polir, et autres attachez à leurs matrices, taillés à facetes naturellement. Du Jaspe de toutes couleurs. Du Marbre de toutes couleurs en boules. Marbre brut. Du Porphire. Des Saphirs. Des Esmeraudes. Des Hiacinthes. Des Grenats. Des Cassidoines. Des Agates. La pierre serpentine. Des Oniches. Des Sardoines. Une pierre où on void deux yeux semblables naturellement avec leurs prunelles. Autre où on void un paisage remply d'Arbres. Autre où on void un beau rosier. Autre où on void un cœur jaune. Autre où on void comme un serpent entortillé. Trois Crapaudines, dont l'une est dans le roc qui est sa matrice, bien qu'on croye qu'elles vienent de la teste d'un crapaut. Des Topasses. Beaucoup de Lapislazulis. Beaucoup de Cornalines. Pierres de picote. Pierres d'esponges. Pierres de graveles. Des aymants comuns. L'aimant blanc, qui est fort rare. Deux pierres à estoiles, ou astroïtes, qui se remuent dans le vinaigre sans qu'on les touche. Des pierres d'Arondelles. Des pierres judaïques en forme d'olives. Des pierres de linx en forme de cone. Deux pierres d'Aigles diverses, et qui resonent quand on les secoüe. Deux pierres de tonerre. Cinq langues de Malte diverses, ou pierres ressemblans à des langues. La pierre d'œil. Des pierres d'Escrevices et cancres. Deux pierres de saincte croix d'Espagne. Pierre de loup de mer. La pierre de Balagate, de sang et de lait, enchassée en argent. De l'emery. L'amiantos ou lin incombustible. Le coral blanc, rouge, noir et bastard. Trois arbres entiers de coral naissant. De fort grandes congelations d'eau. De petites de diverses sortes, de branchues et pertuisées. Un pomeau d'espée antique de jaspe fort beau, tiré d'un sepulchre. La pierre dite perigueux. La pierre de colique ou de maigre. La pierre d'Armenie. Des pierres de touche. Un Camaieu gravé d'une Diane qui chasse un Cerf. Du Jaiet brut. La pierre hæmatite. La pierre sanguine. La pierre Thraciene. La pierre Stalactite.

La pierre plombine. La pierre du Talc. La pierre Hammonite. La pierre Entrochos. Le Priapolithos. L'histerapetra. L'enosteos. De belles pierres artificielles, luisantes et de diverses couleurs formées par la force du feu.

Choses changées en pierre.

Du pain petrifié. Des os et Dents humaines. Une pierre où on void naturellement une femme debout en bosse. Autre où on void des arbustes representés. Des pignons petrifiez avec coque et sans coque. Des œufs d'oiseau, et olives. Une amande petrifiée avec coque et sans coque. Du bois et branches petrifiées. Des fueilles changées en pierre. De la Vesse. Des pois. Des lentilles. Un œil de Serpent petrifié. Des langues de Serpent, ou becs de Cane apierris. Des racines d'herbes petrifiées. Des Capillaires et cypres pe-

trifiés. Une esponge petrifiée. Du crane humain petrifié. Une plante d'Hepatique apierrie.

Diverses coquilles de mer changées en pierre, jointes et separées, des tellines et des moules. Une figue
petrifiée. De la mousse changée en pierre. Un poti-
ron petrifié. Un morceau de serpent petrifié. Des
cloux couverts de pierre. Diverses sortes de limaçons,
plats, ronds, longs, et marins noirs et blancs petrifiez
de diverses sortes. Des escorces de melon changées en
pierre. Des membres virils avec les testicules, et des
matrices de femmes changées en pierre. Une escorce
de citron changée en pierre. Un rognon petrifié. Une
dent de Dragon de pierre. Un rouleau de pierre. Des
dragées petrifiées. Diverses congelations rares, et de
la cave goutiere de Tours. Autres choses apierries,
comme un testicule de cheval, du miel en rayon, du
lard, où le maigre, le gras et le rance paroissent fort
bien, et un fromage, et autres choses. Un gland changé
en Marcassite. Plusieurs limaçons divers changez en
mine de fer.

Autres mineraux.

De toutes sortes de mineraux des boutiques, etc.
Du Sel de montagne de Cardone, blanc et rouge. Du
Sel gemme. Sel armoniac. De la mine de l'or. De l'argent. Du cuivre. De l'estain. Du plomb. Du fer et
acier, y en ayant une pierre en forme de corne de
licorne. Des marcassites. De l'estain de glace. Mineral
qui s'envolle à escailles luisantes fort aisement. De

l'ambre jaune remply naturellement d'insectes. De la terre sigillée avec le cachet du grand Turc, et d'autre sans sceau. Du savon naturel. Toutes sortes de talcs et alums, comme alum de plume, etc. Toutes couleurs et terres minerales.

Des antiquitez.

Une urne grande et une moyenne de terre, une petite de verre. Des couvercles et autres pieces de petites urnes de terre sigillée avec des inscriptions et des os qui estoient dans les urnes. Un vase ancien des sacrifices qui est de marbre grisastre fait en forme d'hydre. Une lampe sepulcrale des anciens. De la mesche inextinguible, ou lin incombustible, avec lequel on separoit les cendres des morts de celles du bois, et duquel on faisoit du linge qui se lavoit dans le feu. Deux lacrymoirs antiques differents. Un dieu penates. Un petit dieu des Egyptiens fort antique. Une belle statuë tres antique du dieu Mercure, ayant des aisles au bonet, et tenant une bource ou teste de quelque animal. Un vase ancien, ou urne de bronse, ou metal de Corinthe (resonnant comme une cloche si on le frape), avec des inscriptions inconnuës à l'entour incrustées d'argent. Un excellent relief ancien de bronze representant la chasse du taureau. Autre sur l'ivoire representant le siege d'une ville. Un caillou fort dur escrit en bosse, antique, et tiré d'un sepulchre. Du pavé à la mosaïque du temple de Diane. Les pierres blanche et noire dont on jettoit le sort anciennement. Divers livres manuscrits (du temps qu'on ne sçavoit imprimer). Et entre autres une Bible en parchemin. Grande quantité de medaillons et medailles antiques, d'argent, de bronze et plomb, romaines, grecques, gotiques et hebraiques, toutes dans leurs armoires et chasses. De medailles ou figures sur l'esmail et la nacre. Beaucoup de monnoyes de diverses nations. Beaucoup de graveures antiques, toutes dans leurs estuis. 450 rares tailles douces tant antiques que modernes des meilleurs autheurs, comme Michel-ange, Raphaël, Lucas et Albert, mises dans un fort grand livre. Des fleches antiques. Des cottes de maille. Lances, bouclier, Chausetrapes, flasques de corne de buffle, masses d'armes ayans de petits moulins dans le manche, et autres armes du temps passé.

Choses artificielles.

Deux chefs d'œuvres de tournerie, l'un de douze gobelets espais seulement comme du papier, l'autre est de tous les utensiles d'une maison dans une boete. Un panier tres-bien eslabouré, fait avec un os de cerise. Un cueiller de la Chine et du papier, toile et cartes, le tout de soye du mesme pays. Une coupe de bois de lierre qui separe le vin de l'eau. Une riche et grande tasse de porcelaine tres-fine. De beaux ouvrages de decoupure sur du parchemin et du papier. Un livre rare, qui fueilleté par six diverses fois se trouve tousjours divers, faisant tantost tous ses fueillets blancs, tantost noirs, puis escripts, puis peints, et en fin remplis de cartables, et puis de musique. La clef d'Archimede. Un fort beau chasteau de carton peint. Une porte s'ouvrant de tous costez, et une autre invention dependant de celle-la. Une pierre qui fournit d'ancre pour un grand nombre d'années. Un papier sur lequel ayant escript, on le peut effacer et y rescrire toute sa vie avec de l'ancre, sans l'user. Deux eaux tres-claires qui, meslées, produisent de l'ancre en un clin d'œil. Un rare et beau coffret d'Ivoire percé à jour, et cloué d'argent, et un autre fort bien travaillé. Un miroir concave d'acier, qui brusle le bois, fond le plomb au soleil, renverse les objets, porte fort loin la lumiere et fait le visage tres-gros. Un miroir convexe, dans lequel on se void tout de debout, et y voit tout ce qui est dans le cabinet. Un miroir tout rond comme une boule. Un petit miroir ardent, et qui grossit les objets. Un miroir cylindrique d'acier alongeant fort le visage, et plusieurs perspectives qui s'y raportent.

Des lunettes à la puce, ou microscopes qui grossissent fort les objets. Des lunettes de multiplication, et pour aprocher les objets. Un triangle de verre pour voir l'Arc-en-ciel.

Deux statues d'albastre et une de cire fort bien faite, qui crie et remue les yeux. Une Boussole. Du mercure fixe ou pierre qui engloutit l'argent vif qu'on luy presente. Un arc des sauvages, et la flesche. Un plat d'escorce de cocos. Un gobelet de la Chine de certain jonc tres-artistement agencé et verni dedans de couleur d'or. Deux choses liquides et froides qui, meslées, excitent en un instant une fort grande chaleur. De l'or potable. De l'escriture et papier de la Chine et Armenie. Des paniers de fruits, tres-bien imitez des naturels, tant en verre qu'autres matieres. Un thermo metre. Plusieurs autres sortes d'instruments de musique, comme un lut d'ivoire, une harpe, etc. Diverse poterie d'Italie rare en forme de bassins, plats, pignes, coqs, dauphins et vases. Un tres-beau plat de fayence où est representée l'histoire d'Andromede. Un vase de Cassidoine. Une boule jaspée fort grosse. Deux figures en taille douce à trois faces, où on void trois choses diverses en un mesme portraict selon qu'on se situe.

Autre representant un archer qui vous vise droit de quel costé qu'on se mette. Autre où on void quatre hommes bien qu'il n'y en aye que deux. Deux globes, qui ont quatre pams ou environ de diametre, et deux autres tres-petits. Deux grosses boules de verre jaspé. Un chenet qui s'ouvre par lettres, et autres telles inventions gentiles. Un verre qui s'alonge. Une perspective dans un coffret. Plusieurs raretez sur le verre et autres matieres. La poudre de simpathie. Un jeu de quilles qui, avec la boule et la boite, ne pese qu'un grain de bled, et un jeu d'echécs ne pesant que trois grains. Quatre liqueurs en une fiole, representans les quatre elemens, qui sont distinctement separées. Cinquante portraits à l'huile, excellens, grands ou petits, desquels il y en a quatre de fort grands, douze de Rome, et les autres de Flandres et Paris, et un excellent original ancien sur le cuivre, à sçavoir un petit

Ecce Homo. Seize autres petits tableaux de miniature, 20 grands de destrempe, 2 de marbre en bosse et deux sur le velin, couverts de talc et garnis d'ebene. Il y en a sur la toile, cuivre, et bois, et sont tous cornichez; leurs representations sont des histoires, nudités, hommes illustres, fruitages, paisages, etc.

Un fromage et un pain, et trois plats de carton verni qui sont tres-bien travaillez. Un cabinet d'essences et autres choses chimiques. Une poudre faisant changer l'eau commune en ancre. Une poudre qui change l'eau en vin. Une saliere antique de esmaillé de l'ouvrage des Penicaux. Les douze Cesars aussi de cuivre esmaillé. Toutes les choses susdites sont rengées en huict ceintures environans la chambre, à sçavoir six aux parois qui sont toutes pleines de portraits, une sur deux rangs de livres en nombre de cinq cens volumes, parmi lesquels il y en a de fort curieux, et une dans six cens armoires pleins de raretez.

Il y a en outre beaucoup de manuscrits en tous arts et sciences. Des belles Cartes geographiques, et quantité de pieces de demy relief en plomb, estain, plastre, souffre, bronze et cire.

On void aussi une grotte artificielle dans le susdit cabinet, remplie de congelations, coquillage, etc., qui est grandement recreative.

PSEAUME 92.

J oye ô Dieu m'ont livrée
  Tes ouvrages tres-saincts,
Dont és faits de tes mains
Il faut que me recrée.

O Dieu qu'elle hautesse
Des œuvres que tu fais,
Et qu'elle est en tes faits
Ta profonde sagesse.

A cecy rien connoistre
Ne peut l'homme abruty,
Et le sot abesti
Ne sçait que ce peut estre.

FIN.

NOTA

D'après un document qui nous arrive à la dernière heure, P. BOREL serait né en 1620.

Achevé d'imprimer

pour

L'ACADÉMIE DES BIBLIOPHILES

PAR D. JOUAUST, IMPRIMEUR DE LA COMPAGNIE

le 25 octobre 1868

COLLECTION DE LA COMPAGNIE

1. *De la Bibliomanie*, par Bollioud-Mermet, de l'Académie de Lyon. Publié par M. Paul Cheron. In-16 pot double de 84 pages. 160 exemplaires. 2ᵉ édition de la réimpression. . . . . 5 »

2. *Lettres à César*, par Salluste, traduction nouvelle par M. Victor Develay. In-32 carré de 68 p., 300 ex. 2 »

3. *La Seiziesme Joye de Mariage*, publiée pour la première fois. In-16 pot double de 32 p., 500 ex. 2 »

4. *Le Testament politique du duc Charles de Lorraine*, publié avec une étude bibliographique par M. Anatole de Montaiglon. In-18 jésus de 78 p., 210 ex. · 3 50

5. *Baisers de Jean Second*, traduction nouvelle, par M. Victor Develay. In-32 carré de 64 p., 500 ex. 2 »

6. *La Semonce des Coquus de Paris en may* 1535, publiée, d'après un manuscrit de la Bibliothèque de Soissons, par M. Anatole de Montaiglon. In-18 jésus de 20 p., 210 exemplaires. . . . . 2 »

7. *Les Noms des Curieux de Paris*, avec leur adresse et la qualité de leur curiosité. 1673. Publié par M. Louis Lacour. In-18 raisin de 12 p., 140 exempl. . . 1 50

8. *Les Deux Testaments de Villon*, suivis du *Bancquet du Boys*, publiés par M. Paul Lacroix. In-8 tellière de 120 p., 220 ex. . . . . 7 »

9. *Les Chapeaux de castor*. Un paragraphe de leur histoire. 1634. Publié par M. Louis Lacour. In-18 raisin de 8 p., 200 ex. . . . . 1 »

10. *Le Congrès des Femmes*, par Érasme, traduction nou-

velle par M. Victor Develay. In-32 carré de 38 p.,
312 ex. . . . . 1 »

11. *La Fille ennemie du mariage et repentante*, par
Érasme, traduction nouvelle par M. Victor Develay.
In-32 carré de 64 p., 312 ex. . . . . . . 2 »

12. *Saint Bernard*. Traité de l'Amour de Dieu. Publié par
M. P. Jannet. In-8 tellière de 140 p., 313 ex. . 5 »

13. *Œuvres de Regnier*, reproduction textuelle des pre-
mières éditions. Préface et notes par M. L. Lacour.
In-8 carré de 356 p., 525 ex. . . . . . . 20 »

14. *Le Mariage*, par Érasme, traduction nouvelle par
M. Victor Develay. In-32 carré de 64 p., 312 ex. 2 »

15. *Le Comte de Clermont*, sa cour et ses maîtresses,
par M. Jules Cousin. In-18 jésus, 2 vol. de 432 p.,
412 ex. . . . . 10 »

16. *La Sorbonne et les Gazetiers*, par M. Jules Janin.
In-32 carré de 64 p., 312 ex. . . . . . . 2 »

17. *L'Empirique*, pamphlet historique. 1624. Réédité par
M. Louis Lacour. In-18 jésus de 20 p., 200 ex. 2 »

18. *La Princesse de Guéménée dans le bain et le Duc de
Choiseul*. Conversation rééditée par M. Louis Lacour.
In-18 jésus de 16 p., 200 ex. . . . . . . 2 »

19. *Les Précieuses ridicules*, comédie de I. B. P. Molière.
Reproduction textuelle de la première édition. Notes par
M. Louis Lacour. In-18 raisin de 108 p., 422 ex. 5 »

20. *Les Rabelais de Huet*, par M. Baudement. In-16 de
64 pages, 260 ex. . . . . 3 »

21. *Description naïve et sensible de Sainte-Cécile d'Alby*.
Nouvelle édition, publiée par M. Eugène d'Auriac. In-16
de 64 p., 260 ex. . . . . 5 »

22. *Apocoloquintose*, facétie sur la mort de l'empereur
Claude, par Sénèque, traduction nouvelle par M. Victor
Develay. In-32 carré de 64 p., 512 ex. . . . 2 »

23. *Aline*, reine de Golconde, par Boufflers. Nouvelle
édition, publiée par M. Victor Develay. In-32 carré de
64 p., 512 ex. . . . . 2 »

24. *Projet pour multiplier les Colléges des Filles*, par

l'abbé de Saint-Pierre. Nouvelle édition, publiée par M. Victor Develay. In-32 carré de 32 p., 312 ex.   1   »

25. *Le Jeune Homme et la Fille de joie*, par Érasme, traduction nouvelle par M. Victor Develay. In-32 carré de 32 p., 312 ex.   1   »

26. *Le Comte de Clermont et sa cour*, par M. Sainte-Beuve, de l'Académie française. In-18 jésus de 88 p., 412 ex.   3   »

27. *Le Grand Écuyer et la Grande Écurie*, par Édouard de Barthélemy. In-18 jésus de xii-216 p., 200 ex.   6   »

28. *Les Bains de Bade au XVe siècle*, par Pogge, Florentin. Scène de mœurs, traduite pour la première fois en français par M. Antony Meray. In-16 raisin de 48 p., 412 ex.   3   »

29. *Éloge de Gresset*, par Robespierre, publié par M. D. Jouaust. In-8 carré de 64 p., 113 ex.   5   »

30. *La Bibliothèque de Don Quichotte. Amadis de Gaule*, par M. Alphonse Pagès. In-18 raisin de 174 p., 412 ex. . . . . , ...   5   »

31. *Réflexions, Sentences et Maximes morales* de La Rochefoucauld. Reproduction textuelle de l'édition originale de 1678, préface par M. Louis Lacour. In-8 carré de 262 p., 525 ex.   20   »

32. *Essai sur l'histoire de la réunion du Dauphiné à la France*, par J. J. Guiffrey. Ouvrage couronné par l'Académie des Inscriptions et Belles-Lettres. In-8 carré de xvi-376 p.   15   »

33. *Distiques moraux* de Caton, traduction nouvelle par M. Victor Develay. In-32 carré de 80 p., 1 grav., 512 ex.   2   »

34. *Une Préface de Tacite*, par Senac de Meilhan, publiée avec une introduction par M. Sainte-Beuve. In-18 raisin, 60 p., 420 ex.   3   50

35. *La Louange des Vieux Soudards*, par M. Louis Lacour. In-32 carré de 64 p., 300 ex.   2   »

36. *Académie des Bibliophiles. Livret annuel : première année*, 1866-1867. In-8 carré de 16 p., 150 ex.   5   »
(Se donne à MM. les membres actifs et à MM. les membres libres inscrits.)

37. *Le Bréviaire du roi de Prusse,* par M. Jules Janin.
1 vol. in-32 de 76 p., 300 ex. . . . . 2 »

38. *L'Oublieux,* comédie en trois actes de Charles Per-
rault, de l'Académie françoise, auteur des *Contes de
fées,* publiée pour la première fois par M. Hippolyte
Lucas. In-18 raisin, 1 gravure, 132 p., 350 ex. 5 »

39. *Secrets magiques pour l'amour,* au nombre de octante
et trois, publiés d'après un manuscrit de la bibliothèque
de Paulmy par P. J., bibliomane. In-18 raisin, 400
ex. . . . . 4 »

40. *Le Thalmud,* étude par M. Deutsch, traduit de l'an-
glais sous les yeux de l'auteur. In-18 fabriqué à Londres, 200 ex. . . . . » »

41. *Ligier Richier,* par Auguste Lepage. In-16, 36 p.,
260 ex. . . . . 2 »

42. *Catalogue d'un libraire du XVe siècle tenant boutique
à Tours.* Publié par le docteur A. Chereau. In-16, 36 p.,
300 ex. . . . . 3 »

43. *Rabelais,* publié par MM. A. de Montaiglon et Louis
Lacour. 3 vol. in-8. . . . . 60 »
   (Le 1er volume est en vente. Jusqu'à l'apparition du tome III
   on peut souscrire à l'ouvrage au prix de 15 fr. le volume.)

44. *Les Antiquitez de Castres,* de Pierre Borel, publiées
par M. Ch. Pradel. In-18 jésus, 288 p. . . 10 »

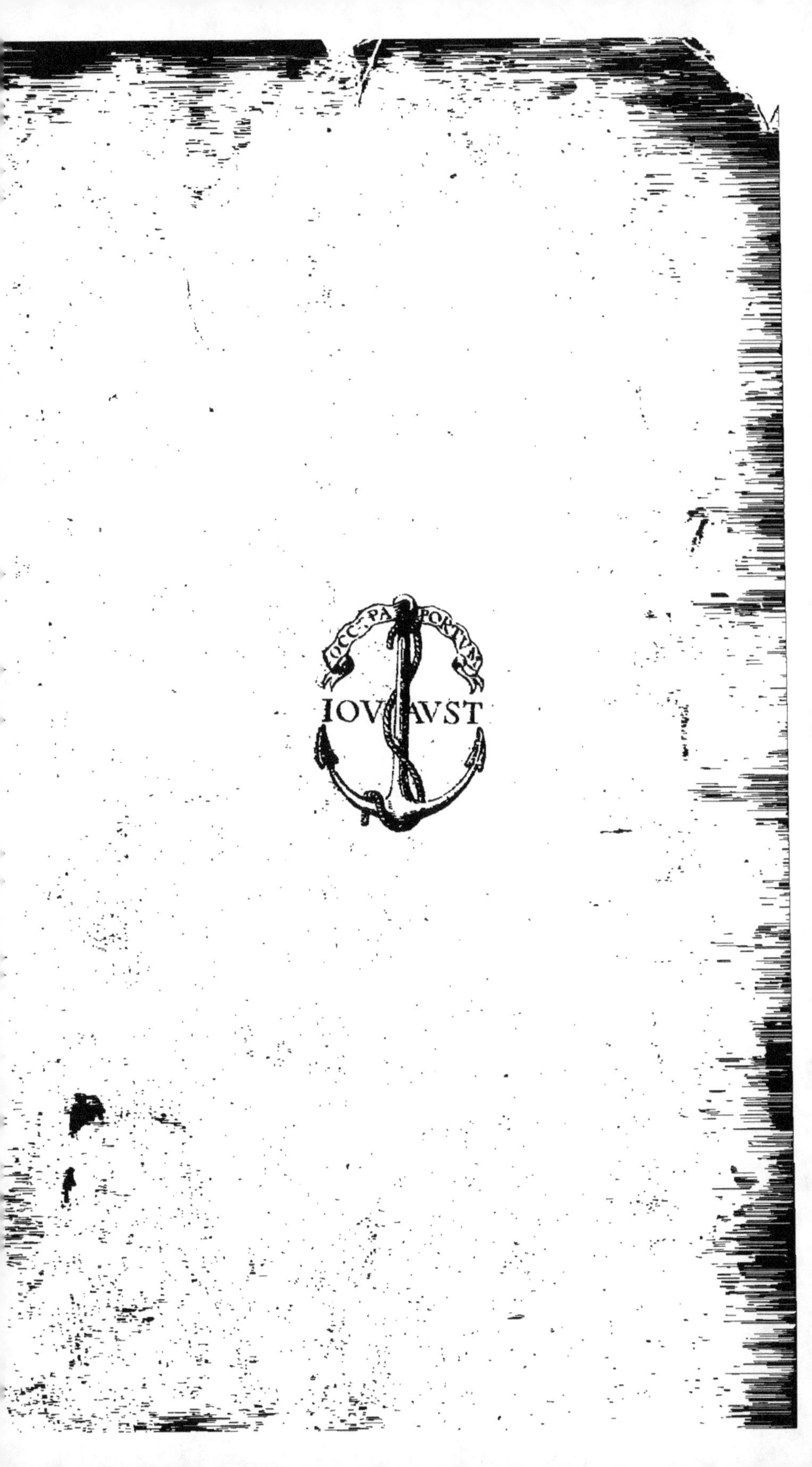
OCCV PA PORTVM
IOV AVST